万川
reflections

一步万里阔

岩波新书

意大利史10讲

イタリア史10講

[日]北村晓夫——著

李文明——译

中国工人出版社

目　录

第 6 讲　从巴洛克到启蒙改革

第 7 讲　复兴运动的时代

第 8 讲　自由主义时期与国民国家的形成

第9讲　法西斯时代：20世纪前期

第10讲　意大利共和国

第1讲

多元文化与古代罗马

罗马斗兽场

前 753 年	继承既有文化基础上的罗马建国
前 451 年	制定《十二铜表法》
前 367 年	制定《李其尼·赛斯蒂亚法》
前 218 年	第二次布匿战争（汉尼拔战争）（—前 201 年）
前 133 年	提比略·格拉古改革
前 44 年	凯撒遇刺
前 27 年	屋大维，获得元老院授予的“奥古斯都”尊号（帝政的肇始）
96 年	涅尔瓦即位，“五贤帝时代”（—180 年）的开启
212 年	《安东尼努斯敕令》赋予帝国内所有自由人公民权
293 年	戴克里先，开启“四帝共治制”
313 年	君士坦丁，承认基督宗教的合法地位
330 年	君士坦丁，迁都拜占庭
392 年	狄奥多西，全面禁止异教
395 年	狄奥多西故后，罗马帝国东西分裂
476 年	西罗马帝国末代皇帝罗慕洛·奥古斯都被废黜

我描写的战争是汉尼拔指挥的迦太基人与罗马人的战争……何止是武力啊，是仇恨主导了这场战争。战争一方的罗马人怒气冲冲，因为已经被他们打败了的那些人竟然罔顾失败的事实，反而主动向胜者发起挑战。战争另一方的迦太基人也是义愤填膺，因为他们确信把自己打败了的对手将会以傲慢的姿态和强烈的欲望统治自己。战争就这样发生了。

——李维乌斯，《罗马建国以来的历史 5· 汉尼拔战争（1）》，前 1 世纪

1 多元文化的到来与生长

关于“意大利史”的叙述

今天的意大利共和国，主要由意大利半岛[1]、西西里岛及撒丁岛构成，总面积约 30 万平方公里，大约是日本的五分之四；现有人口 6000 余万，大约是日本的一半。

从地图上看，意大利半岛很像一只长靴。它的北面是阿尔卑斯山，其余三个方向全都直面地中海的不同海域（具体而言，西边是里格利亚海和第勒尼安海、南边是伊奥尼亚海、东边是亚得里亚海）。山与海将意大利半岛包围。因为有着这样的地形，所以人们有时也会说：一条“自然的国境线”将意大利与周边其他国家分隔开来。

---

1 即亚平宁半岛——译者注（若无特殊说明，本书脚注均为译者注。）

被崇山峻岭与浩瀚大海环绕包围，是意大利得天独厚的自然地理环境。然而，在欧洲与地中海的历史长河中，这样的自然条件不仅完全不能保障其免受外部势力的侵入，也完全不能保证“统一国家”在这个区域里长久存续。事实上，地理概念、地域概念上的“意大利”虽然由来已久、历史漫长，但与此相对的国家概念上的“意大利”是在19世纪后期才产生与形成的，距今也仅有150余年而已。

19世纪中期以前，在意大利这片土地上，中小国家星罗棋布。更有甚者，很多小国完全是由外国君主统治的。在意大利的历史中，这种状况是这片土地的历史常态，而当今这种完全由“单一国家”统治、管辖全境的状态才是特异的。

在山海包围的自然环境中，并非必然仅存在一个国家。伊比利亚半岛就是这样的一个例子。这个半岛被比利牛斯山脉、大西洋和地中海包围，但在这片区域里，不也是有着西班牙和葡萄牙两个国家吗？所以说，道理是显而易见的。其实，就连统一的西班牙也是在16世纪时才形成的。而在此之前，今天西班牙的国土上也存在过数目众多的中小国家。另外，正如加泰罗尼亚州最近的动向所显示的那样，西班牙仍然存在一个与国家向心力背道而驰的“运动”。

另外，历史上曾归属于不同国家、不同势力的地区一度统合，而后又再次出现分裂的事例也是有的。与意大利隔海相望、位于亚得里亚海对岸的南斯拉夫就是一个例子。在19世纪民族主义的萌芽过程中，当地形成了共同的“南斯拉夫人”身份认同意识。第一次世界大战后，南斯拉夫终于成了一个独立的国家。然而，冷战体制瓦解后不久，南斯拉夫陷入内战，并最终解体为六个国家。

事实上，在南斯拉夫出现纷争的20世纪90年代，以地域主义、离心主义为理念的政党在意大利也是较为活跃的。因此，当时的意大利还曾煞有其事地出现过国家是否会解体的论调。不过，进入21世纪以后，分离主义日渐衰退，意大利解体的危机也渐渐得以消减。但是，如果追溯意大利的历史，同时再反观意大利周边国家的状况，目前也并不能断言未来意大利的国家向心力就一定能葆茂永延。

有鉴于此，若仅仅在19世纪及20世纪前期国民国家史观的基础上讲述“意大利史”，会显得十分有失适当。对于意大利史，应当从“意大利”这个国家、“意大利人”这个民族的形成过程来理解与认识。即便换个视角来认识意大利史，也应将18世纪及其以前的历史作为意大利统一之前的“前史”来理解。

所以，本书将从以下两个角度对意大利史展开叙述。

一是，将意大利作为欧洲与地中海世界的一部分来考察其历史。意大利位于地中海世界的中心部位，这个区域自古以来就是不同的人类群体交汇融通的场所。有的群体从外部世界来到意大利，并在此定居下来；有的群体则从这里走了出去，之适他方。从古至今，这样的历史在不断地重演着。在空间上，本书将叙述对象的地理范围大致限定于意大利半岛、西西里岛以及撒丁岛等地；同时也将从欧洲与地中海世界兴衰史的角度，把意大利史作为该地区整体史中的一个环节来进行历史讲述。

二是，将意大利各地的多样性纳入研究视野来考察其历史。意大利这片土地有着山海交织的复杂地理环境，也曾存在过很多统治着小块领地的各色各样的政治权力。在这些因素的错综作用之下，意大利产生了丰富多彩的多样性地域文化。在意大利，每个地区都必然有着自己的中心城市。这些中心城市是各个地区的内核。在地域文化的形成过程中，所有作为内核的中心城市全都发挥了主导性的作用。可以说，各地都有着自己的内核型中心城市也是意大利的一大特征。因此，以城市为中心的地域文化的形成与发展过程，也将是本书关注的重点。

黎明时期的意大利

在10000年前的旧石器时代，就已经有人类在意大利这片土地上生活。前5000年前后，这片土地上出现了农业和畜牧业。前2500年前后，一个印欧语系的人类群体从阿尔卑斯山南下，来到波河流域。这个拥有青铜器的群落在波河流域定居下来，并创造了切拉马雷文化。

前1000年前后，陆续又有更多的印欧语系人来到意大利。前9世纪，他们创造出拥有铁器的维拉诺瓦文化。这些印欧语系的人类群体渐渐地被统称为“意大利人”。意大利人之中，又可细分为安布利亚（居住于今翁布里亚大区一带，下同）、萨比尼（拉齐奥大区）、萨姆尼特斯（坎帕尼亚大区、阿布鲁佐大区）、卢卡尼（巴西利卡塔大区）及布鲁提（卡拉布里亚大区）等几个较大的群落。这几个群落全都居住在意大利半岛的中部和南部。除此之外，在半岛的东北部，也存在着一个较小的意大利人群落，他们被称为“威尼蒂人”。而在西西里岛东部，也居住着一个印欧语系的人类群体，他们被称为“希克利人”。从发音上不难看出，这些人类群体的名称很多都成了意大利地名的词源。

当然，同一时期，意大利还存在着一些非印欧语系的人类群体。例如，居住在半岛西北部的利古里人（利古里亚大区）、西西里岛中部的西卡尼人、西西里岛西部的伊里米人等。非印欧语系的人类群体中，势力最为强悍的是居住于半岛中心地区的埃特鲁斯坎人。

埃特鲁斯坎

埃特鲁斯坎[1]人是一个充满谜团的群体。他们起源于何处，至今仍是未解之谜。虽然有一些埃特鲁斯坎语的文献片段残存了下来，虽然这些文献是用希腊文字书写的，但埃特鲁斯坎语本身尚未得到破解，所以这个民族的系谱至今仍是不甚明了的。在最近的研究中，有说法认为：埃特鲁斯坎人是由不同起源的人类群体在意大利混合交融而形成的群落。这种说法是当前最具说服力的解释。

埃特鲁斯坎人兴起于前8世纪。前7至前5世纪，以今天的托斯卡纳大区为中心，北至波河流域，南至拉齐奥大区，包括坎帕尼亚大区部分地区在内的广大区域，都处于埃特鲁斯坎人的控制之下。但是，埃特鲁斯坎人并未建立起一

1 即Etrusci（拉）的音译，也译作埃特鲁里亚。原著中音译的机构名、官职名，译稿中一般也采用音译，但在注释中标注该音译词的原词。原词为拉丁语的，注释中在该词后加注“拉”字；原词为意大利语的，则加注“意”字。对于尤其常见的专有名词，即使原著使用音译，但译稿中也会直接使用中文惯用译法。此时，注释中一般不再标注拉丁语或意大利语原词。

个“统一国家”。他们以核心城市联合体的形式控制着广袤的地理区域。在势力逐渐扩大的同时，埃特鲁斯坎与周边势力之间的干戈日渐增多。最终，埃特鲁斯坎的统治区域被崛起于前 4 世纪的罗马夺取。前 3 世纪初，埃特鲁斯坎完全臣服于罗马。

埃特鲁斯坎的贵族们既经营土地，也从事贸易。希腊本土是他们的主要贸易对象。土地和贸易的收益让他们蓄积了大量的财富。而在坐拥大量财富的同时，埃特鲁斯坎人也创造了绚烂多彩的文化。在壁画、雕刻、青铜工艺品、陶器等领域，埃特鲁斯坎人留下了诸多技艺精湛的作品。埃特鲁斯坎人的建筑技术也十分高超。他们建造了很多大型坟墓，埋葬着贵族家族的成员。在埃特鲁斯坎文化的中心城市——卡西里（今拉齐奥大区北部切尔韦泰里）、塔尔奎尼（今塔尔奎尼亚）等地，他们甚至还创造了巨大的“坟墓之城”。每个坟墓之城里都汇聚着数十个大型坟墓。直至今日，埃特鲁斯坎文化的遗迹仍然历历可见。他们的优秀文化——雕刻、壁画、建筑技术等——被罗马继承。

希腊人在南意大利的殖民

前 8 世纪，部分希腊人开始向南意大利迁徙。南意大利也随之出现了一些希腊人的殖民城市。这些希腊移民居住的区域，即殖民城市所在的区域，后来被称为“马格纳·格拉埃齐亚”[1]（拉丁语“大希腊”之意）。最早的希腊殖民城市是库迈（今坎帕尼亚大区那不勒斯近郊），它是由哈尔基斯人建造的。哈尔基斯是希腊的城邦之一。

希腊人所建造的殖民城市，有的业已废弃，现在仅留存遗迹，如：库迈、梅塔蓬蒂恩（今巴西利卡塔大区波坦察省）、纳克索斯（西西里大区墨西拿省）等。但也有至今仍不失繁华的都市，如：哈尔基斯人建造的利基翁（卡拉布里亚大区雷焦·卡拉布里亚）、臧克莱（前5世纪时改称墨萨拿，今西西里大区墨西拿）、卡塔内（西西里大区卡塔尼亚），斯巴达人建造的塔拉斯（普利亚大区塔兰托），阿卡亚人建造的克罗顿（卡拉布里亚大区克罗托内），科林斯人建造的锡拉库萨伊（西西里大区锡拉库萨），等等。另外，前8世纪时哈尔基斯人建造的帕尔忒诺佩虽曾一度荒废，但后来又得以复活。前6世纪时，人们在已经荒废了的帕尔忒诺佩原址旁又修建了一座名为“涅奥波利斯”（希腊语“新城”之意）的城市。这座新城一直发展至今，现名为“那

1　即Magna Graecia（拉）的音译。

波利”[1]。

移居意大利的希腊人频繁往来于南意大利与他们的希腊“老家”——母城邦——之间。在往返贸易的同时，希腊人也把以货币、文字等为代表的希腊文化传播到南意大利。前6世纪，出生于安纳特里亚半岛附近的萨摩斯岛的毕达哥拉斯在历经流浪之后，最终与克罗顿、梅塔蓬蒂恩建立了毕达哥拉斯学派；前3世纪，阿基米德在锡拉库萨伊大显身手。他们都属于生活在意大利的希腊人群体。

一般来说，人们常常将古代意大利的历史等同于古罗马的历史。然而在古代意大利的历史上，埃特鲁斯坎文化和希腊文化的影响也十分深刻。甚至在中世纪以后的历史中，人们仍能找到这两种文化的影子，其重要性也常常被学界强调。例如，托斯卡纳人朱塞佩·米卡利在19世纪初出版了

1 即那不勒斯。那不勒斯是意大利历史上的重要城市，也曾是意大利统一前的一个王国的名称。因此，本书中对该城市、该地的讲述颇多。对于那不勒斯的地名，原著中均使用“Napoli”（意大利语，音：那波利）的日语音译“ナポリ”（音：那波利）。在国内出版的权威世界地图（《世界地图》，地图出版社2015年版）中，意大利城市“Napoli”被译为“那波利”，不过该地图也在括号中标注上了传统惯例译名“那不勒斯”。在国内世界史书籍中，尤其是世界近现代史相关书籍中，该地又多被译为“那不勒斯”。有鉴于此，为尊重意大利语原音及作者在原作中的表记方式，同时也考虑到国内读者的阅读习惯及国内世界史学界的惯用表记方式，本译稿将中世纪及以前的“Napoli”（ナポリ）译为“那波利”，将近代“那不勒斯王国”建立以后的“Napoli”（ナポリ）译为国内读者熟知的“那不勒斯”。需请读者留意的是，本译稿中的“那波利”与“那不勒斯”在原作中均为同一个词“ナポリ”。

一部在当时的社会上引起很大反响的著作——《罗马人统治以前的意大利》。他在书中指出：与罗马文化相比，埃特鲁斯坎文化和希腊文化更为优秀。的确，在罗马人统治之前，包括各个意大利人群落在内的所有早期居民都塑造着意大利的历史。他们所塑造的历史，在近代意大利地域身份认同的形成过程中，也曾是不可或缺的重要因素，这一点不应被忽略。

❷ 罗马的扩大

城市国家罗马

意大利人中有一个名叫“拉丁”的群落，他们逐渐定居于罗马一带，这就是一般所认为的罗马的起源。最初，拉丁人是一个以农业和畜牧业为主的小集落。前 753 年，罗慕路斯创建了拉丁人的国家。但这仅仅是一段口口相传的历史传说。事实上，并没有任何证据表明，这个时期的罗马已经存在一个实现了政治统一的共同体。不过，从某一时期开始，罗马的城市化的确取得了很大的进展，王权政治也得以确立。其实，在口传的历代罗马君王中，也是有埃特鲁斯坎人的。埃特鲁斯坎出身的罗马君王是否真实存在暂且不论，但罗马曾深受埃特鲁斯坎文化的影响是确凿无疑的。

前 6 世纪末，罗马推翻王权，建立共和政体。百人团公民大会选举的执政官（康斯尔）[1] 取代国王，成为军事上的统帅与政治上的主宰。执政官定员两名，任期一年。

据传，百人团是罗马王权政治时期即已出现的一项制度。这项制度将市民按财产的多寡划分为若干个等级，不同等级的市民又被分别编入骑兵军团和步兵军团。骑兵军团由 18 个百人团组成；步兵军团则被进一步划分为五级，每一级都由若干个百人团组成。市民中，被划入最富有等级的人被编入骑兵百人团，大多数人则被编入相应步兵等级之下的百人团。那些没有财产但又充当步兵的人则被归入“不入流”这一等级。所有市民都被划入与其财产相应的等级，也都必须按不同等级兵种的需求承当相应的从军义务，并自行配备相应的武器装备。除了具备军事功能，百人团还是罗马公民大会的投票单位。每个百人团在公民大会投票时计一票。百人团制度既具有军事属性，也具有政治属性。

罗马的贵族阶层被称为“帕托里奇”[2]。长期以来，帕托里奇一直把持着执政官的位置，公职、神官职也被帕托里奇阶层垄断。至于位高权重的罗马元老院，其成员也都是曾出任过要职的帕托里奇阶层的人。这种状态引起了平民阶层的

1　即consul（拉）的音译。

2　即 patricii（拉）的音译。

强烈不满。罗马的平民阶层被称为“普莱普斯”[1]，广大中小自耕农、进城不久的罗马新居民都属于普莱普斯。共和政治初期，帕托里奇与普莱普斯对立严重。通常情况下，这段历史也被置于帕托里奇与普莱普斯两者分庭抗礼的框架中叙述。

前 5 世纪初，经过普莱普斯的努力，帕托里奇承认了平民选出的保民官。同时，平民阶层主导的平民会也获得了帕托里奇的承认。前 5 世纪中期，在普莱普斯的推动下，罗马制定了《十二铜表法》。由此，习惯法得以明确化与成文化。成文法的制定也在一定程度上遏制了帕托里奇对律法的恣意搬用。前 367 年，在李其尼与赛斯蒂亚两位保民官的提议下，罗马又制定了一部新的法律，这部法律被称为《李其尼・赛斯蒂亚法》。该法规定，定员两名的执政官中的一名应从普莱普斯中选出。除此之外，这部法律还在减轻普莱普斯贫困化的债务方面做出了规定。前 287 年，罗马又制定了《霍腾西阿法案》。此后，平民会决议具有了与法律同等的效力，而平民会也取代了百人团民会成为主要的立法机构。

这一系列法律的制定，消解了普莱普斯与帕托里奇的对立，两者在政治层面和社会层面逐渐走向融合。不过，普莱

1　即plebs（拉）的音译。

普斯与帕托里奇的融合又导致了新的统治阶层——“诺比莱斯”[1]的产生。

这些政治斗争的主舞台都是罗马广场。罗马广场位于罗马城市中心，与卡庇托林努斯山相邻。广场原本是神殿汇集的宗教场所。不过，民会、元老院会议也常在此举行。再后来，广场上又出现了鳞次栉比的商业设施。帝政时代以前，罗马广场既发挥了政治、宗教中心的功能，同时也是经济和文化的中心。

罗马的扩大与半岛征服

前 6 世纪末以后，罗马不断与邻近的埃特鲁斯坎城市以及其他拉丁人的城市或势力发生冲突。经过长年的征战，前 4 世纪初，罗马人灭掉了埃特鲁斯坎重镇维依依。罗马也从此确立了对埃特鲁斯坎的优势地位。

然而好景不长，不久之后，高卢人渡过波河南下。在与高卢人的战争中，罗马人败下阵来。不仅如此，就连罗马城也被高卢人短暂占领。高卢人主要居住于今法国一带，属印欧语系族凯尔特分支。不过，高卢人中也有一支很早就定居

---

1 即Nobiles（拉）的音译。

于意大利西北部地区的群落。前 4 世纪初，这支高卢人突然南下，以迅雷不及掩耳之势突袭罗马。短暂的失利后，罗马人很快又夺回了自己的城市，罗马在意大利中部的强势地位也得以恢复。时间虽然短暂，但城市被他人侵占过的这段不光彩的历史记忆让罗马人刻骨铭心。

前 4 世纪，拉丁战争爆发。交战双方的一方是竖起反旗的拉丁同盟城市，另一方是拉丁同盟的盟主罗马。最终罗马取得了胜利。拉丁姆地区（大约相当于今拉齐奥大区）被罗马吞并。拉丁战争后，罗马又与萨姆尼特斯人进行了三次战争。萨姆尼特斯人居住在山谷地带，是“意大利人”的一个分支。一番鏖战之后，罗马人再次获胜。于是，意大利中部地区也被罗马征服。交战过程中，为确保罗马与涅奥波利斯之间的交通顺畅，罗马人修筑了阿庇亚大道。

接下来，罗马又开始对南意大利虎视眈眈。在前 3 世纪的南意大利，塔拉斯人的势力最大，实力最强。即便如此，塔拉斯人依然十分畏惧罗马人，他们害怕罗马人入侵自己的土地。因此，塔拉斯人决定向希腊伊庇鲁斯地区的统治者皮拉斯王求援。于是，以意大利南部为主舞台，罗马军团与皮拉斯的军队激战连连、争斗不休。战争让交战双方都蒙受了巨大的损失。在一进一退的反复迁延之间，战争呈现出了胶着纠缠、难分难解的局面。不过最终，罗马人还是成功地将皮拉斯的军队赶出了南意大利。当然，皮拉斯的退出与其战略兴趣向地中海其他地区的转移也是不无关联的。皮拉斯的军队被赶出南意大利后，塔拉斯人也只得无可奈何地臣服于罗马。前 2 世纪 70 年代，罗马完成了对南意大利的征服。至此，北起波河流域、南至半岛南端，整个意大利半岛的大部分区域都已处于罗马的统治之下了。

在征服战争的早期，罗马有时会彻底毁掉被征服的城市。但拉丁战争以后，罗马一般不再摧毁城市，被征服的城市通常都能得以保留。而罗马也在新征服的城市里建立起自己的统治。在被征服的城市中，不同的城市与罗马有着不同的亲疏关系，罗马会根据这样的关系给予各个城市不同的待遇。有的城市可以从罗马获得完整的罗马公民权，有的可以获得除参政权以外的公民权。当然也有城市未能获得公民权。不过，这些未能获得公民权的城市也都能成为罗马的友城，其关系在形式上也是对等的。不论待遇如何，当罗马与他国发生战争时，所有这些城市都负有与罗马协同作战的义务。这种分类统治的方式可谓一箭双雕。一方面，待遇的不同让城市之间难以形成联合，可以有效地避免城市的联合反叛；另一方面，所有城市对罗马都具有协同作战的义务，这又保障了罗马军力的强盛。

布匿战争与地中海帝国的形成

对于统治着意大利半岛大部分地区的罗马来说，西西里岛将成为其下一场争斗的发生地。从前 6 世纪开始，腓尼基人建立于北非的殖民城市——迦太基的势力日益扩大。它渐渐地将希腊人在西西里岛上建立的殖民城市纳于自己的统治之下。前 3 世纪中叶，叙拉古的僭主对当时占领墨西拿的雇佣军团发起了攻击。雇佣军团向罗马与迦太基两方都发出了救援请求，罗马与叙拉古 - 迦太基联军也因此而发生战争。这场战争即为第一次布匿战争（前 264—前 241 年），“布匿”是腓尼基人的拉丁语名称。

经过二十余年的激烈攻防，罗马战胜了迦太基。战争的结果是罗马获得了西西里的统治权，这个岛也成了罗马的“普罗维因奇亚[1]（行省）”。“普罗维因奇亚”的意思是“普拉埃托尔[2]（法务官）管辖的地方”。

然而，在强烈的复仇意念中成长起来的汉尼拔再次点燃了迦太基与罗马之间的战火。第一次布匿战争时，汉尼拔的父亲就是一位在战场上纵横驰骋的将军。汉尼拔发起的这场战争即第二次布匿战争，也被称作“汉尼拔战争”。

---

1 即provincia（拉）的音译。

2 即praetor（拉）的音译。

这场战争发端于西班牙地区（伊比利亚半岛）。当时，迦太基控制着伊比利亚半岛的南端。在汉尼拔的率领下，迦太基的大军和战象越过了比利牛斯山和阿尔卑斯山。前216年，在南意大利濒临亚得里亚海的坎尼，汉尼拔的军队大败罗马军团。这次战役让罗马几乎陷入绝境，罗马战死者多达六万，也有说是七万的。不过，坚韧不拔的罗马军团在法比乌斯·马克西姆的指挥下，以逸待劳、静候战机。很快，伊比利亚半岛和西西里方面的战局出现了转机。法比乌斯战死后，其子西庇阿被派往前线，接下了他父亲留下的重任。这位年轻的将军在西班牙地区取得了压倒性的胜利。之后，战功卓著的西庇阿威风凛凛地返回了罗马。此时的西庇阿虽然十分年轻，却打破常规地当上了罗马的执政官。当上执政官的西庇阿提出了在非洲海岸登陆的计划，但该计划遭到其他人的反对。于是，西庇阿就带着自己训练的新兵奔赴迦太基本土。在扎马战役（前202年）中，西庇阿大军取得了胜利，降服了迦太基。

其间，罗马的触角还伸到了地中海地区的马其顿王国。当时，这个王国是由亚历山大大帝的继承者安条克王朝统治的。在汉尼拔战争中，马其顿与迦太基结成同盟。前215年以降，罗马与马其顿进行了四次战争（马其顿战争）。前148年，罗马取得最终胜利，马其顿战争至此终结。战争结束后不久，马其顿成为罗马的行省。

第四次马其顿战争时，罗马便开始策划彻底灭亡迦太基。第三次布匿战争（前149—前146年）因此爆发。罗马军团在西庇阿（为与汉尼拔战争时的“大西庇阿”相区别，有时也称其为“小西庇阿”）的指挥下，取得了军事上的胜利。之后，他们将迦太基城彻底摧毁。被罗马吞并的迦太基成为罗马的亚弗利加行省。

接下来，罗马又将进攻的矛头对准了希腊本土。前3世纪初，希腊本土伯罗奔尼撒半岛上的城市重建了城市同盟——亚该亚同盟。前2世纪初，罗马事实上征服了这一地区。前2世纪中叶，亚该亚同盟又举起了反旗，但罗马很快对其进行了镇压。前146年，罗马彻底瓦解了亚该亚同盟，并在这里建立了行省。

这一时期，罗马还将撒丁尼亚、科西嘉、西班牙编为行省。至此，地中海周边的广大区域都已处于罗马的统治之下，而罗马也成为控制地中海的“帝国”。

罗马社会的变质与内乱的时代

接连不断的征伐与领土面积的急速扩张，也给罗马社会带来了很大的变化。罗马军队的主力——重装步兵是由中小农民阶层组成的。一方面，长年的从军征战使这个阶层逐渐没落。他们或流入城市，或成为富人土地上的小作农。而另一方面，没落农民的土地越来越集中到富裕市民的手中。罗马的战争一场接着一场，被征服的地区不断向罗马输送着奴隶。城市富裕阶层役使着这些奴隶经营他们不断兼并的土地。富裕阶层更加富裕，一种后来被称为“大庄园”的土地所有制逐渐形成。罗马的社会也变为一个有着明显贫富差距的社会。

日益贫困的普通市民的不满情绪日益加剧，承担着重装步兵军役义务的阶层也日渐没落。在这些因素的共同作用下，罗马军力愈发陷入危险的虚弱境地。

面对这种情况，名门贵族出身的提比略·格拉古与盖约·格拉古两兄弟在民众的支持下，果断地开启了纠正贫富差距的改革。提比略·格拉古是兄弟二人中的兄长。前133年，提比略以保民官的身份着手开展分配领域的改革。在他的推动下，罗马制定了一部改革土地分配制度的法律。这部法律规定，富裕阶层超额占有的公有土地必须返还，而返还的土地则要分配给日益贫困的普通市民。为了持续推进这项事业，提比略决定竞选并连任保民官。但提比略旨在推动改革的再次竞选引起了元老院的嫉恨，最终提比略被暴徒所杀害。弟弟盖约比他的兄长晚十年当选保民官。他推出了比其兄长更为激进、更为全面的政策，这其中就包括给予同盟城市罗马市民权。然而，他也被厌恶改革的势力逼上绝路而死。

此后，罗马接连陷入了两场战争。一场是因北非的努米底亚国王朱古达入侵罗马属地而引发的朱古达战争（前 111—前 105 年），另一场是北方势力入侵意大利北部而引起的辛布里·条顿战争（前 113—前 101 年）。罗马未曾料想，兵力的不足已经使它的军事力量变得虚弱不堪。就在这样的境地中，曾担任过保民官和大法官的马里乌斯（前 157—前 86 年）当选执政官。他着手进行兵制改革，这项改革将无产市民武装了起来。在马里乌斯的带领下，罗马取得了军事上的胜利。不过，这次兵制改革虽然增强了罗马的军事力量，但也带来了士兵与指挥官直接结成从属关系、军队日渐成为指挥官私兵的弊害。

对军事力量得到再次强化的罗马而言，其战乱并未消减。前 91 年，不满于差别化歧视性待遇的意大利同盟城市举兵造反。同盟者战争（前 91—前 88 年）爆发。为结束战争，罗马采取措施，给予意大利所有自由人罗马市民权。但此后，战争与叛乱依旧频频爆发。先是黑海南岸庞度斯王国的米特拉达梯六世与罗马连续进行了三次战争（米特拉达梯战争，前 89—前 63 年）。其后，西班牙的赛多留又揭竿而起（前 80—前 72 年）。之后，又发生了剑士斯巴达克领导的、波及整个意大利的奴隶起义（前 73—前 72 年）。罗马陷入兵连祸结的混乱状态。

三头政治的展开

前 70 年，在米特拉达梯战争中建立功勋的庞贝与镇压斯巴达克起义的克拉苏二人被选为执政官。他们试图削弱元老院的权势，但遭到了元老院的抵抗。于是，庞贝和克拉苏劝诱比他们稍晚崭露头角的凯撒加入己方阵营。最终，此三人结成反元老院的秘密同盟。常言的“第一次三头政治”由此开启。

前 58 年，执政官任期届满的凯撒就任高卢总督。此后长达八年的时间里，他一直担任着这一职务，其任期之长历史少有。担任高卢总督期间，他持续管理这一地区。最终，整个高卢都成为罗马的行省，凯撒也因此名声大振。

其间，罗马与东方的帕提亚发生了战争。与凯撒一样因开疆拓土而名声大振的克拉苏战死。“三头”之中少了一人，庞贝不得不直接面对凯撒。凯撒的赫赫声望让庞贝产生了严重的危机感，于是庞贝决定与元老院联手，图谋排挤凯撒。

另外，高卢总督任期即将期满的凯撒一旦卸任回到罗马，就只能成为一介平民。为了避免这种状况的出现，凯撒摸索着参加选举。但凯撒后与“庞贝派”达成妥协，返回高卢。前 49 年，凯撒的军队在冬季营地拉韦纳拔营撤灶。大军在渡过卢比孔河后，直接扑向罗马。为避免在罗马决战，庞贝与元老院出走希腊。凯撒兵不血刃，夺取了罗马的权力。其后，凯撒在希腊本土攻破庞贝军阵。逃往埃及的庞贝最终在埃及被杀。

夺得罗马权力的凯撒被任命为独裁官。他一项接一项地推出将退役士兵和贫民送往殖民城市、将太阴历改为太阳历（儒略历）等一系列政策。任期终身的独裁官引起了他人与日俱增的畏惧。前 44 年，凯撒被暗杀。

凯撒死后，罗马再次陷入动荡。收拾这一乱局的是安东尼、雷必达以及屋大维（前 63—14 年）三人。屋大维原本是凯撒外甥女之子，后来成为凯撒的养子。前 43 年，他们三人结成政治同盟（第二次三头政治），联手打倒了暗杀凯撒的布鲁图和卡西乌斯。

打倒了共同的敌人之后，雷必达辞去了其他职务，仅保留了其最高神官的头衔，安东尼与屋大维的矛盾也日益加深。前 32 年，屋大维向唯安东尼之命是从的埃及托勒密王朝女王克利奥帕特拉宣战。

翌年，在希腊爱奥尼亚海的阿克提姆海战中，屋大维的军队取得了胜利。安东尼逃往埃及，随后自杀身亡。此后，克利奥帕特拉也选择了自杀，托勒密王朝就此灭亡。埃及成为罗马的一个行省。此时，加上在米特拉达梯战争中获取的叙利亚地区，整个东地中海区域已经全部被罗马纳入自己的统治体系。

就这样，长达一百余年的内乱时代终结，罗马迎来了新的时代。

❸ 帝政时期的意大利

从共和政体到帝政

手握强大权力的屋大维在表面上收敛了自己的独裁举动，表现出与元老院协作的姿态。前 27 年，元老院授予屋大维“奥古斯都”尊号。“奥古斯都”的意思是“尊贵威严之人”。一般认为，此时的罗马已从共和政体变为帝制政体。但奥古斯都并没有把自己当作一个专制君主，他将自己界定为“罗马公民中的第一公民（普林凯普斯[1]）”。因此，这一体制有时也被称为“元首政治（普林基帕都斯[2]）”。奥古斯都对保民官这一职位十分重视。保民官职位

1 即 prīnceps（拉）的音译。

2 即 principatus（拉）的音译。

每年更新一次，后来的皇帝也以担任保民官的次数来表示其在皇帝位置上的年数。这一惯例作为“元首政治”的体制特征，相当具有代表性与象征性。

国家政策层面，奥古斯都设置了常备军。当时，贫民的涌入增加了罗马的人口数量。为确保罗马的粮食供给，奥古斯都设置了“谷物供给按察官”官职。此外，奥古斯都还时常举办盛大祭典，也修建了很多纪念碑。为获得市民对其体制的支持，奥古斯都费尽心力。罗马马尔斯广场上的“阿拉·帕吉斯（和平神殿）”是奥古斯都时代建造的重要纪念碑之一。另外，在奥古斯都的庇护下，李维乌斯写就了罗马建国以来的历史；活跃于文坛的诗人贺拉斯和维吉尔，也曾承蒙奥古斯都友人梅塞纳斯（他的名字也是表示“企业等机构对文化艺术活动的支援”之意的单词 mécénat 的词源）的庇护。

奥古斯都去世后，帝位被克劳狄乌斯家族的提贝里乌斯继承。此后的皇帝皆出自尤里乌斯或克劳狄乌斯家族。然而，皇帝的地位并非绝对稳定。皇帝尼禄便是一个典型的例子。他与元老院、军团对立对抗，多次进行不必要的政治肃清。他在罗马修建的富丽堂皇的“黄金宫殿（多慕斯·阿乌列阿）”也招致了人们的不满。最终，尼禄被逼入绝境，自杀身亡。

后来，连续三代（韦帕芗、提图斯、图密善）与前任皇帝没有血缘关系的、来自弗拉维家族的皇帝都维持了比较安定的统治。这一时期，罗马修建了提图斯凯旋门、圆形竞技场以及马尔斯广场竞技场（今纳沃纳广场）。圆形竞技场修建在尼禄皇帝黄金宫殿的遗址之上。然而，皇帝图密善日益走向专制，引起元老院的反感。96 年，图密善遭到暗杀。

据称，1 世纪的罗马帝国全境中，生活着多达 5000 万的人口，而罗马也成为一座拥有 100 万人口的巨型都市。这些人口之中，很多都是来自周边或其他地区的贫民。为了维持自己的统治，皇帝既要向他们提供粮食，也得向他们提供娱乐。“面包与马戏”正是指这种情况。罗马的大竞技场就是作为提供娱乐的场所而修建的。

罗马境内的很多城市都修建了圆形竞技场、公共浴室、凯旋门等设施。这些设施都是罗马文化的象征。部分设施由当地富裕的、有权有势的人捐建。这些捐建的公共设施、纪念碑既是一种统治象征，同时也发挥着让各地执掌权势之人维持他们在当地统治的作用。需要留意的是，这类建筑是罗马境内所有城市的共同特征，并不仅仅是意大利城市的特色。

五贤帝时代

皇帝图密善被暗杀之后，涅尔瓦被元老院推选为皇帝。涅尔瓦以及他后面的图拉真、哈德良、安东尼努斯·庇乌斯、马可·奥略良五位皇帝的时代是罗马帝国的全盛时代，因此也常被称为“五贤帝时代”（96—180 年）。

《罗马帝国衰亡史》的作者——18 世纪英国历史学家爱德华·吉本——认为“五贤帝时代是人类所经历过的最幸福的时代”。这是一个极高的评价。吉本的着眼点是：这几位皇帝互相之间并没有血缘关系，这些德才资质适称帝王大位的人全都是以养子身份相继继承大统的。的确，五贤帝时代是罗马帝国历史上相对安定的时期。但是，在继位原因的问题上，学界存在着不同见解。有观点认为，这几位皇帝都恰巧没有男性子嗣，所以才出现了没有血缘关系的人相继继位的情况。最近的研究也多强调这一点。

图拉真是创造出罗马帝国史上最大版图的皇帝。他征服了多瑙河以北地区，并在此设立了达契亚行省（今罗马尼亚）。另外，他还与东方的帕蒂亚帝国兵戎相交。种种军事行动使罗马帝国的版图达到其历史上的巅峰。对于罗马城，图拉真也是关照有加。在渐渐显得狭窄的广场近旁，他修建了一个新的广场。此外，图拉真还设置了一个大型交易市场。为了纪念征讨达契亚战争的胜利，他也修建了一座巨大的纪念塔。

继承图拉真皇位的哈德良皇帝也十分倾心于罗马及罗马周边地区的建设事业。他重建了始建于1世纪的万神殿（罗马最古老并以历史原貌保存至今的建筑）。在提贝里斯河畔（台伯河），他为自己修建了一座灵庙（即陵墓，今圣天使堡）。在罗马郊外的提布尔提那（今蒂沃利），他还修建了一处豪华瑰丽的别墅（今哈德良别墅）。

虽然如此，五贤帝时代的罗马与意大利在帝国中的地位却并不高，甚至可以说是地位低下。而这与皇帝本人的身份地位密切相关。图拉真和哈德良两位皇帝的先祖虽说也是意大利出身，但他们自己是在意大利之外的行省（西班牙）出生的。“五贤帝”之中，也有像安东尼努斯·庇乌斯那样一次也没离开过意大利的皇帝。不过，图拉真和马可·奥略良在罗马度过的时光却少之又少。为了保障帝国的疆土永固，他们忙于巡行视察行省，发起各式远征。

三世纪危机

继承帝位的马可·奥略良之子康茂德在2世纪末被暗杀后，罗马出现了争夺皇位的混乱局面。193年，曾担任过潘诺尼亚总督（今匈牙利附近）、北非出身的塞维鲁斯最终收拾了乱局，登上了皇位。他将意大利地区降格到与行省同等的地位，同时也剥夺了意大利居民的土地税免税特权。

他的继承者，也是他亲生儿子的安东尼努斯（俗称：卡拉卡拉）颁布了《安东尼努斯敕令》。该敕令将罗马公民权赋予了帝国境内全体自由人。他这样做的目的在于增加帝国的税收，原本仅向罗马市民征收的遗产税被推广到了整个帝国。不可否认，这一系列措施使意大利在帝国中的地位急剧下降。

塞维鲁斯之后的一段时期，他的族人始终占据皇帝大位。235—284 年，行省的军团各自拥立皇帝。几个皇帝并立的混乱场面屡见不鲜。这个时期也经常被称作“军人皇帝的时代”，除去自立为帝者，得到官方承认，经正统程序即位的皇帝足有 26 人。

军人皇帝乱立的局面使得从北方入侵的日耳曼各部族以及在东方扩张势力的萨珊波斯等罗马外敌有了可乘之机。罗马疲于应对，这与军人皇帝的乱立不无关系。以军事征服的方式不断地开疆拓土的罗马，也终于迎来了守疆卫土的一天。

在帝国的统治中，军事的重要性日渐凸显。元老院在过去虽然皇帝辈出，但军事上软弱无力。在以罗马为首的意大利地区，战争物资原本就以轻装备为主，兵力也十分有限。当军事力量成为政治权力的后盾之后，只要军团主力配驻在行省和边境地区，元老院就拿它没有办法。肆无忌惮的皇帝林立就是在这种情况下催生出来的。

3 世纪，罗马帝国进入危机重重的时代。有观点认为，就意大利地区而言，危机并没有那么严重。但事实上，日耳曼诸部族已入侵了意大利北部地区。而在 3 世纪 70 年代前期，奉奥勒良皇帝之命，在罗马城外修筑了一个高耸的城墙。这一举动不正是这个地区因外敌入侵而产生危机意识的表现吗？由此可见，意大利的危机是切实存在并日益加深的。

征服战争时代的终焉使行省不再向罗马大量提供奴隶。让奴隶拥有家庭，从而实现人口的“再生产”也并不现实。因此，大庄园开始雇佣被解放的奴隶和贫困化的自耕农。他们的身份是隶农（科洛努斯[1]）。于是，隶农制（科洛纳图斯[2]）渐渐推广开来。不过，意大利的经济活动却出现了收缩的倾向。当然，这种倾向的出现与行省物产流入等因素密切相关。

1　即colonus（拉）的音译。

2　即colonatus（拉）的音译。

罗马帝国的东西分治

284年，巴尔干半岛达尔马提亚行省（今克罗地亚）出身的戴克里先即皇帝位。他是底层出身、军中发迹的人物。即位后不久，戴克里先就创立了皇帝二人体制，后又建立了“四帝共治制”（四分统治制）。他将罗马帝国一分为二，东西分治。在东、西两半各置一位正帝和一位副帝。为了统治这个已然出现分裂倾向的帝国，“四帝共治制”也不失为一种现实主义的对应措施。

戴克里先一面完善官僚体制，重建财政体系；一面提高皇帝权威，依靠官僚制度强化专制统治。因此，自他以后的体制一般被称为“专制君主政治（多米纳图斯[1]）”，而不再称作“元首政治”。

戴克里先皇帝时代，意大利处于西正帝马克西米亚努斯的统治之下。他以梅迪奥拉努姆（今米兰）为统治中心。305年，马克西米亚努斯与戴克里先一同退位。但是，马克西米亚努斯之子马可森提乌斯并没有被指定为继承人，马可森提乌斯对此愤愤不平。此时，近卫军和罗马市民因特权的丧失也都心生不满。于是，近卫军和罗马市民便把马可森提

1　即dominatus（拉）的音译。

乌斯推上了皇帝的宝座。马可森提乌斯的皇位虽然没有得到第一正帝的认可，但他仍凭借着自己所拥有的军事实力将意大利置于其统治之下。不仅如此，他还进一步将触角延伸到西班牙和北非。

面对马可森提乌斯登基称帝一事，康斯坦提乌斯之子君士坦丁主张自己才是西罗马的正皇帝。戴克里先时期，康斯坦提乌斯曾担任西罗马的副皇帝，后来还出任过正皇帝，君士坦丁认为自己应是其父康斯坦提乌斯的后继之君。308年，君士坦丁被西罗马的新正皇帝李锡尼乌斯指定为副皇帝。312 年，君士坦丁率军攻入意大利。在罗马北郊台伯河的米尔维桥之战中，君士坦丁大败马可森提乌斯，终结了戴克里先退位后的乱局。

正式当上西正帝的君士坦丁虽然有一位同样当过皇帝的父亲，但他其实与戴克里先同样出生于巴尔干半岛（上莫西比行省，今塞尔维亚），也同样是军人出身。313 年，他与李锡尼乌斯联名颁布《米兰敕令》，正式承认基督教的合法地位。他禁止隶农迁徙，隶农从此被束缚在土地上。在与李锡尼乌斯的内战中，君士坦丁成功胜出，李锡尼乌斯彻底出局。324 年，君士坦丁废除“四帝共治制”，建立独裁统治。330 年，他在希腊殖民城市拜占庭旁修建了新的都城君士坦丁堡，帝国的都城也从罗马迁到此地。这是导致意大利在罗马帝国地位下降的决定性事件。

君士坦丁后，康斯坦提乌斯家族又传了几代，其子嗣断绝后，混乱的时代再次来临。在这一混乱时期，皇帝的行宫多设在米兰或拉文那等意大利北部城市，包括罗马在内的意大利中南部地区的人口越来越少。

395 年，狄奥多西皇帝去世后，帝国被他的两个儿子分治。西罗马帝国被交给了霍诺留斯。自此之后，东、西两个帝国就再也没能统一。401 年，霍诺留斯将拉文那定为正式首都。后来，拉文那建造了卡拉·普拉西狄亚灵庙、圣伯多实禄大教堂等建筑，这些建筑全都装饰有壮丽恢宏的马赛克画。

帝国之内，意大利的地位每况愈下，而帝国本身也行将就木。

基督教的普及与发展

基督教在意大利的传播最初很可能是从居住于罗马及其附近地区的犹太教徒之间开始的。64 年，处于尼禄时代的罗马发生了一场大火。大火之后，很多基督教徒被定为纵火犯而遭到处决。一般认为，使徒彼得和保罗也在此期间殉教。

2 世纪，普通市民对基督教徒仍有着忌讳与歧视等强烈的抵抗情绪。不过，基督教逐渐在城市中下层民众中获得了数量众多的信徒。而彼得与保罗的殉教之地——罗马——更成了基督教徒的精神中心。罗马教会在与东方的基督教诸教会保持密切关系的同时，对教义本身也越来越有讲究。他们严格的伦理观念和道德实践对教会这个共同体的发展也起到了非常大的作用。

随着基督教徒的增多，皇帝对基督教的态度也渐渐分化。有的皇帝把它视为威胁而迫害教徒，有的皇帝为了强化自己的权力基础而对它加以利用。4 世纪初，戴克里先皇帝统治时期的罗马帝国发生了大规模的宗教迫害。而与此相对，君士坦丁皇帝在 313 年颁布了《米兰敕令》。该敕令以承认宗教自由的形式承认了基督教的合法地位，对基督教的迫害也就此停止。关于《米兰敕令》，我们在前文中也有所提及。

自此以后，皇帝对基督教的保护渐渐增强。在米兰主教安布罗修斯的进言下，皇帝甚至还撤掉了元老院议场上的胜利女神祭坛。392 年，狄奥多西皇帝禁止了包括罗马多神教在内的诸多非基督宗教。至此，基督教在事实上已经获得了罗马帝国国教的地位。

第2讲

三个世界的夹缝之中

圣伯多禄大教堂

535年	查士丁尼阿努斯皇帝[1]统治下的东罗马帝国军队占领西西里与罗马
568年	伦巴第人的阿尔博因王占领意大利北部，建立伦巴第王国
756年	法兰克王丕平将拉文那总督领地进献于教皇
800年	法兰克王卡尔在罗马被教皇利奥三世加冕为帝
831年	阿格拉布王朝占领巴勒莫
870年	《默尔森条约》缔结
962年	萨克森王朝的奥托一世在罗马被教皇约翰十二世加冕为帝
1030年	诺曼人雇佣兵队长雷努尔夫成为阿韦尔萨伯爵
1071年	诺曼人圭斯卡德占领巴里，拜占庭帝国丧失意大利南部领土
1077年	卡诺莎之辱

1 即查士丁尼一世（拉：Iustinianus I），又称查士丁尼大帝（英：Justinian the Great）。

伦巴第人是不可能那么快就被异民族征服的。这是因为，从他方而来的女王在伦巴第的领地上修建了施洗者圣约翰大教堂，故而圣约翰自己对伦巴第的关照也从未中断过。然而，终于有一天，这个大教堂开始遭到蔑视。此时，这个民族也便走向了灭亡。

——保罗·迪阿科努斯，《伦巴第史》，8 世纪末

❶ 西罗马帝国的崩溃与外来势力的入侵

关于古代末期的论争

先行研究一般认为，日耳曼人的入侵和西罗马帝国的灭亡是古典时代终结与中世纪开始的标志。不过，最近学界也出现了与之不同的观点。这一观点认为，古代末期——也就是从古典时代向中世纪转变的时期，是一个漫长的时期。这一时期跨越了漫长的岁月，大约开始于 200 年，结束于 800 年前后。由于这一时期本身也是拥有独特活力的时代，因此那些认为古典时代已然衰退和没落的说法并不妥当。也有人强烈反驳这种与传统认识不同的观点，他们指出：西罗马帝国末期衰退的征兆是确确实实存在的，因为日耳曼人的入侵，西罗马帝国走向灭亡是一个毋庸置疑的事实。目前，这个论争仍然没有结束。

上述论争是就整个欧洲—地中海世界而言的。如果单从意大利半岛和西西里岛来说，自西罗马帝国末期开始，这个地区便已走上了衰退之路。476 年，在日耳曼人施加的压力下，西罗马帝国末代皇帝遭到废黜。可以说，自此以后，该地区的衰退进一步加速。帝国的崩溃导致意大利失去了领域的一体性，并支离破碎地分解为无数个“小领地”与“小国家”。

需要说明的是：一方面，从政治上说，这一地区越来越衰弱，使得外部势力很容易介入其中；但另一方面，这或许也使得这一地区丰富多彩的文化应运而生。

日耳曼人的入侵

3 世纪以后，日耳曼诸部族逐步侵入意大利半岛。进入 5 世纪，日耳曼人的入侵呈现出了加速的势头。西哥特的阿拉里克王屡屡侵入意大利，并于 410 年进入罗马城大肆掠夺。汪达尔的盖塞里克王自北南下，经伊比利亚半岛进入北非。在成为北非的统治者之后不久，他又入侵西西里岛和意大利半岛。455 年，盖塞里克掠夺了罗马。东哥特的狄奥多里克王在东罗马（拜占庭）帝国的授意下入侵意大利。493 年，狄奥多里克以拉文那为首都建立了东哥特王国。另外，匈人首领阿提拉也在 5 世纪中叶入侵意大利半岛，他们是亚洲游牧民族的一支。在一系列的外族入侵下，罗马城陷入混乱，人口也急剧减少。

当然，外族人也并不总是以侵略者的身份出现，他们有时也作为雇佣兵为罗马帝国保卫疆土。率领西罗马军队与阿拉里克交战的汪达尔人斯提里科就是其中一例。另外，日耳曼人的军队构成并不单一，他们的士兵并不是来自某个单一的部族集团，而是来自不同部族的多种多样的人。他们虽在骁勇善战的“王”的指挥下攻进了意大利，但没有一支势力能够在意大利建立起安定稳固的统治。东哥特虽然在意大利北部维持了一段时间的统治，但狄奥多里克去世后不久，东哥特便陷入内乱。

拜占庭帝国的查士丁尼阿努斯皇帝（527—565 年在位）怀揣着收复罗马帝国失地的远大志向。在东哥特人内乱之际，查士丁尼阿努斯便趁机将拜占庭帝国的势力扩展到了意大利半岛。6 世纪 50 年代中期，查士丁尼阿努斯灭掉了东哥特王国，并成功地将整个意大利都纳入了拜占庭帝国的版图。但是，很多城市的居民并不服从于他，他试图恢复罗马帝国帝政时代各项制度的努力也半途而废。

后来，属于日耳曼人一支的伦巴第人打破了拜占庭帝国在意大利的统治，并在半岛上控制了广大区域。

伦巴第人的统治

有说法认为，伦巴第人起源于斯堪的纳维亚半岛。在日耳曼诸部族迁徙的过程中，伦巴第人一同南下，入侵了意大利半岛。568 年，阿尔博因王占领意大利北部，他以今天伦巴第大区的帕维亚为首都，建立了伦巴第王国。有人推测，入侵意大利的伦巴第军大约有 30 万人。其中一部分继续南下，与拜占庭的军队交战。最终，南下的伦巴第人又获得了意大利半岛中南部的斯波莱特公爵领地与贝内文托公爵领地。

伦巴第人统治了意大利半岛约三分之二的土地，但是他们未能从拜占庭手中夺得拉文那与罗马之间的带状区域。因此，斯波莱特公爵领地与贝内文托公爵领地便成了伦巴第王国的一块飞地，北方的王国与南方的公爵领地也演变为各自独立的政治实体。

7 世纪，罗塔里王创造了伦巴第王国历史上首屈一指的繁荣时代。在罗塔里的主导下，王国以拉丁语编纂了《罗塔里法典》，这也是最早的“蛮族法典”。在意大利定居的伦巴第人，逐渐融入当地的既有文化。

❷ 意大利王国

法兰克王国与意大利

史料显示，法兰克人出现于3世纪。4世纪时，法兰克侵入罗马帝国，他们是一支军人辈出的部族。墨洛温家族的克洛维改宗天主教后，扩大了自己的势力。506年，他打败西哥特的军队，并在以现在的法国为中心的广大领域内建立了法兰克王国。

后来，法兰克王国的力量一度衰弱，加洛林家族的丕平篡夺王位后，王国再度强大起来。754年，法兰克王国进军意大利半岛，打败了伦巴第王国。之后，丕平将拉文那总督领地赠送给教皇。这块领地便成为教皇领地的起源。

《君士坦丁的赠礼》这份“伪文献”也是在这一时期被伪造出来的。《君士坦丁的赠礼》上说：4世纪初的罗马帝国皇帝君士坦丁将西罗马的统治权委任给了教皇。一般认为，伪造这份文书的目的是让教会获得统治世俗世界的依据。但直到15世纪末，《君士坦丁的赠礼》仍被视为一份货真价实的历史文献。

意大利王国的建立

771年，丕平一世之子卡尔继承了法兰克王国的王位。不久，伦巴第入侵教皇领地，教皇向卡尔求援。其后卡尔发兵意大利，征服了伦巴第王国。由此，卡尔自称“法兰克人和伦巴第人之王”。随后，他又将自己的儿子丕平二世任命为“意大利王国”的国王。“意大利王国”的统治领域既包括原伦巴第王国领地，也包括意大利中部地区的斯波莱特公爵领地。

经过一系列对外战争后，卡尔扩大了王国的领域。800年圣诞节当天，卡尔在罗马被教皇利奥三世（795—816年在位）加冕为帝。卡尔希望通过此举向世人证明“西方的罗马帝国”已然复兴。

814年，加冕为帝（查理曼大帝）的卡尔去世，帝国被他的儿子路德维希一世继承。然而，路德维希死后，帝国便陷入了分裂的状态。缔结于843年的《凡尔登条约》将帝国分割为三个部分。这三个部分分别是以路德维希长子洛泰尔为国王的中法兰克王国、路德维希二世掌管的东法兰克王国以及查尔斯[1]控制的西法兰克王国。意大利中部和北部地区被划分给了中法兰克王国。870 年缔结的《默尔森条约》又将除意大利中、北部地区（意大利王国）以外的帝国中部领土进一步分割给了东法兰克和西法兰克。一般认为，今天的意大利、德国、法国三国之间的国境线基本就是在这两个条约签订后形成的。

不过，需要注意的是，这个“意大利王国”的实际领域仅限于意大利的中部与北部地区，南部并不在王国的疆域之内。从实际情况来说，这个“意大利王国”仅仅是一个不上不下、不够彻底的“半成品”，其名实并不相符。

875 年，拥有意大利国王称号的洛泰尔之子路德维科去世，但他并没有留下正式继承人。在此之后，为了获取意大利王国的统治权以及帝国皇位的继承权，东法兰克与西法兰克的各种势力开始频繁地介入意大利半岛。

1　即查理二世（法：Charles II），又称秃头查理。

神圣罗马帝国的成立

10 世纪初，东法兰克王国加洛林王朝的血统断绝。此后不久，非法兰克的萨克森人亨利一世被选为新的国王（萨克森王朝）。951 年，亨利一世之子奥托一世远征意大利。攻占帕维亚之后，奥托一世自称“意大利国王”。962 年，他进行了第二次远征，并在罗马被教皇约翰十二世（955—964 年在位）加冕为帝。此后，历代东法兰克国王都能够获得“皇帝大位”。通常认为“神圣罗马帝国”自此便成立了，但事实上，神圣罗马帝国的称号在 13 世纪时才正式开始使用，是宗教理念的体现。这个理念就是：罗马帝国的复兴应由身为基督教徒的神圣皇帝实现。

对东法兰克（德意志）和意大利实施一体性统治，是奥托一世以后的皇帝的一贯做法。为了意大利南部与意大利王国的合并，奥托一世之子奥托二世进行了远征。不过，982 年，他在卡拉布里亚大败于穆斯林的军队。奥托二世的儿子奥托三世在罗马加冕为帝后，曾试图永久性地将罗马定为帝国的首都。但奥托三世否定教皇的权威，招致罗马居民的反感，他也自食其果，被赶出了罗马。最终，奥托三世的继承者亨利二世将统治中心从罗马迁到了德意志地区。

1024 年，没有留下子嗣的亨利二世与世长辞，萨克森王朝也就此断绝。他死后，康拉德（萨利安王朝康拉德二世）登上了东法兰克王国的王位。之后，康拉德很快便在米兰加冕为意大利国王，紧接着又在罗马加冕为帝。于是，意大利中北部地区的统治权也被康拉德继承。然而，意大利各地的诸侯、经济实力日渐壮大的各个意大利城市与神圣罗马帝国皇帝之间的关系却开始变得错综复杂。

③ “三个世界”的夹缝

拜占庭帝国的统治

虽说统治体制十分脆弱，但意大利的北部与中部地区毕竟还存在着统一的政治实体。相比之下，意大利南部的情况更显复杂凌乱。在意大利南部，拉丁化、天主教化的日耳曼诸部族、拜占庭帝国、伊斯兰势力争霸。换而言之，意大利半岛的南部与西西里岛是这“三个世界”的连接处。三者时而激烈地斗争，时而联手并进。在斗争与联手之间，他们也产生了密切的联系。

7 世纪末，拜占庭帝国在意大利的中北部地区统治着威尼斯和拉文那总督领地；在南部地区统治着那波利及其周边、普利亚与卡拉布里亚的南端，以及作为统治中心的西西里岛。在西西里岛，拜占庭人实施了一种名为“塞姆制”

的制度，该制度也是当时拜占庭帝国主流的地方行政制度。与罗马帝国在行省所采用的民政、军政相分离的制度不同，“塞姆制”下的军队司令既管军务，也统辖民政。该制度可以征用自由农民充任士兵，因此该制度不但是政治制度，也是为快速应对外敌入侵而设计出来的军事制度。

不过，进入 8 世纪，一方面威尼斯走向了自立，另一方面拉文那总督领地也遭伦巴第王国占领。而拉文那总督领地后来又被战胜伦巴第的法兰克王国捐赠给了教皇。这样，拜占庭帝国便丧失了其在意大利中北部地区的全部领地。进入 9 世纪，拜占庭帝国在西西里的统治又被扩张中的伊斯兰势力摧毁。10 世纪初，拜占庭帝国丢失了西西里岛上的最后一个据点。

不过，在法兰克王国征服伦巴第之际，拜占庭帝国成功地在普利亚和卡拉布里亚地区扩大了统治领地。于是，“塞姆制”的统治据点便被设置在了卡拉布里亚。拜占庭帝国对这个地区的统治一直维持到 11 世纪末。11 世纪末，诺曼王朝成功征服了这一地区。关于诺曼王朝，后文将具体讲述。

很多操希腊语的人从拜占庭帝国境内的各地迁居到了帝国在意大利的领地之内。在西西里、卡拉布里亚，这样叛逃的人有很多。于是，希腊的古典文化在这些地区得到了继承。不仅如此，这些地区还修建了不少以正十字图案和圆形大屋顶为特征的拜占庭式教堂。

伊斯兰势力的到来

伊斯兰教产生于7世纪初的阿拉伯半岛。7世纪中叶，倭马亚王朝成立。倭马亚王朝向东、西同时扩张，而伊斯兰教的影响也随着王朝的扩张而日渐扩大。在西方，伊斯兰势力控制了北非。9世纪前期，以突尼斯为据点的阿格拉布王朝开始入侵西西里岛。他们的进攻重点是西西里岛的西部地区。经过长达一年的攻防战后，穆斯林势力征服了西西里西部的中心城市——巴勒莫。同一时期，意大利半岛南部普利亚地区的部分区域也被穆斯林势力控制。

在经历这一系列的变故后，虽然在西西里岛的东部，基督教徒仍居于多数地位，但在巴勒莫的周边地区，穆斯林的人口已有了很大的增长，该地区的穆斯林化也日渐加深。9世纪前期的攻防战结束之时，巴勒莫曾一度化为废墟。穆斯林接手统治后，他们又重新开发了这座城市。10世纪前期，巴勒莫已发展成为地中海地区屈指可数的繁荣商业城市。城市中，有美丽绝伦的庭园、豪华奢侈的宅邸，还有数目众多的清真寺。不仅如此，东方的水稻、甘蔗、橙子、开心果等农作物也被穆斯林带到了西西里岛。这些都是过去意大利地区的人闻所未闻的东西。除此之外，穆斯林还给当地带来了先进的灌溉技术。

11 世纪后期，诺曼人征服了穆斯林势力在西西里岛和意大利半岛南部的领地。穆斯林势力在这些地区的统治宣告终结。诺曼人征服之际，很多穆斯林逃出了西西里岛和意大利半岛南部的穆斯林地区，但也有一些人留在了当地。这些留下来的人们为后来形成的诺曼王国的发展作出了贡献。

贝内文托公爵领地与诺曼人的登场

6 世纪，当伦巴第人入侵意大利之时，意大利南部出现了一个由伦巴第人统治的领地——贝内文托公爵领地。这一点，前文已有所提及。后来，在北意大利地区建立意大利王国的过程中，贝内文托公爵领地实现了独立。8 世纪至 9 世纪前期，贝内文托公爵领地一直具有统治半岛南部大部分地区的实力。但是，由于继承权问题，公爵领地分裂。9 世纪后期，该地区出现了贝内文托侯爵领地、萨莱诺侯爵领地以及卡普阿侯爵领地三足鼎立的伦巴第人的权力实体。此后，当某个权力实体出现有所作为的公（侯）爵时，其势力就会有所扩大。但在这样的人物死后，其势力范围也便随之缩小。相似的事在这片土地上不断重演。

最终，在意大利的舞台上新登场的诺曼人给这些伦巴第人的小国的统治画上了句号。

诺曼人是日耳曼人的一支。“诺曼”的意思是“北方人”。从名称上不难看出，诺曼人也是一个起源于斯堪的纳维亚半岛或丹麦地区的民族。8 世纪时，斯堪的纳维亚半岛、丹麦等日耳曼人起源的地区出现了王国。这些手握王权的小首长带领民众载舟南下，在各地开展贸易或掠夺活动，其活动范围十分广大。他们最远到达了冰岛和格陵兰岛，甚至还曾抵达北美。诺曼人在俄罗斯建立了诺夫哥罗德公国，在法国建立了诺曼底公国。此外，他们还曾征服过不列颠（“诺曼征服”）。凡此种种。诺曼人以一个新的征服者的姿态出现在欧洲，并在欧洲各地的历史上都扮演了重要的角色。

11 世纪，大批诺曼底公国的诺曼人来到了意大利南部。1018 年，为了从拜占庭帝国的统治下获得独立，伦巴第的贵族掀起了叛乱。伦巴第的贵族以雇佣兵的名义招揽了很多诺曼士兵，这些士兵全都是伦巴第“独立派”的支持者。充当伦巴第人的雇佣兵是大量诺曼人来到南意大利的一个重要契机。后来，在诺曼人雇佣兵中，一位名叫雷努尔夫的雇佣兵队长在那波利[1]附近获得了一块被称作“阿韦尔萨”的领地。由此，雷努尔夫成为阿韦尔萨伯爵。之后，以阿韦尔萨为根据地，雷努尔夫打入南意大利的多处地域。

1　即那不勒斯。

这些诺曼人通过与教皇勾结逐步统治了南意大利。诺曼人圭斯卡德成为普利亚伯爵后，于 1060 年征服了卡拉布里亚，进而又于 1071 年占领了普利亚的中心城市——巴里。在圭斯卡德的攻势之下，拜占庭帝国在南意大利的统治走向终结。圭斯卡德占领巴里的第二年，他的弟弟罗格里乌斯征服了巴勒莫，同时也终结了伊斯兰在西西里岛的统治。至此，诺曼人已经在西西里岛和意大利半岛的南部（特别是普利亚和卡拉布里亚）确立了自己的霸权。

后来，当上西西里伯爵的罗格里乌斯（鲁杰罗一世）在当地构建了一种独特的统治体系。这一点，将在下一讲中详述。

❹ 天主教会的发展

罗马教会与拜占庭统治

在日耳曼人入侵西罗马帝国的混乱时代，罗马城失去了帝国首都的地位，人口也减少至 10 万以下。但在此期间，罗马教会在这座城市中的地位却显著提升。自 5 世纪，罗马教会的首长——罗马大主教（教皇）——就开始以罗马的圣·乔万尼·因·拉特拉诺大教堂[1]为居所，并在此主持、举办各种祭典。于是，教皇对罗马及其周边地区的影响力也与日俱增。

6 世纪末，伦巴第人入侵的兵锋直逼罗马城。教皇格里高利一世（590—604 年在位）亲自与伦巴第国王交涉，罗

1　即拉特拉诺的圣乔万尼大教堂（拉：San Giovanni in Laterano）。

马城得以保全其独立地位。这位教皇也因积极推动基督宗教在不列颠等西欧地区的传播与普及而为人所知。

8 世纪前期，拜占庭皇帝利奥三世下令禁止罗马教会悬挂圣像，还要求他们毁坏圣像。教皇格里高利二世（715—731 年在位）断然拒绝了这项命令，格里高利二世十分清楚，圣像是传教的有效载体。733 年，在皇帝与教皇的激烈对抗中，原本属于罗马教皇管辖区域的意大利半岛南部的卡拉布里亚和西西里被划到了君士坦丁大主教管区。

罗马教会与法兰克王国、神圣罗马帝国

罗马教会在南意大利的拜占庭统治区内失去管辖权之后，又迎来了一个更大的挑战。这个挑战来自伦巴第人。入侵拉文那总督领地的伦巴第人在夺取了拉文那城之后，大军直接扑向了罗马城。教皇通过向法兰克王国求援才摆脱困境。正如前文所述，战胜了伦巴第人的法兰克王国丕平把拉文那总督领地捐献给了教皇。经此一事，罗马教会便与世俗权力建立起密切的协作关系。

10 世纪，奥托一世登上了欧洲的历史舞台。之后，罗马教会变得更加倾向于从属世俗权力。后来，甚至还出现了教皇在皇帝召集的教会会议上被当场废黜，以及同时有两位

教皇并立等情况。与此同时，东法兰克（德意志）国王兼任神圣罗马帝国皇帝和意大利国王之事成为常态。在此背景之下，罗马教会与德意志地区的教会之间的关系也变得愈发紧密。

神职叙任权斗争

10 世纪，以法国勃艮第地区本尼迪克特派克吕尼修道院的创建为开端，各地陆续创建了不少改革派修道院。11 世纪后，这种动向进一步发展为批判教会组织的堕落的运动。批判的矛头指向了神职人员娶妻与买卖神职。这些默认性的做法被视为教会堕落的象征。

1073 年，改革派旗手格里高利七世（1073—1085 年在位）当选教皇。他一方面把神职人员娶妻和买卖神职等做法当作乱风败俗的行为加以训诫；另一方面也推出了一项禁止世俗世界的人（特别是皇帝）行使主教任命权、修道院长任命权的方针。这项方针从正面否定了教权从属于皇权的现实关系定位。原本支持教会改革的皇帝一方不仅强烈反对这一方针，甚至还策划过废黜教皇。

两者的斗争愈演愈烈，最终导致了一场异常严峻的危机。1076 年，教皇格里高利七世宣布开除皇帝亨利四世的

卡诺莎之辱（引自梵蒂冈图书馆馆藏，《卡诺莎的马蒂尔德传》）

教籍，同时废黜其皇位。最初，皇帝认为德意志的诸侯一定会选择支持自己，但诸侯出尔反尔地承认了废黜皇帝亨利四世。当时，教皇正逗留于他的至交密友卡诺莎女伯爵的居城——卡诺莎城堡（今艾米利亚－罗马涅大区）。1077 年，为了获得赦免，四面楚歌的皇帝无可奈何地亲赴卡诺莎，连续三天赤足来到城堡的大门前请求教皇的原谅。最终，教皇恢复了皇帝的教籍。这一事件就是“卡诺莎之辱”。

“卡诺莎之辱”之后，亨利四世再次谋划废黜教皇，试图进行反击，政治事态并没有简单地在一个方向上发展。不过，这次斗争却表明了一个事实：过去从属于皇权的教会与教皇，已经变得足以威胁皇权。

第3讲

中世纪鼎盛时期的北意大利与南意大利

腓特烈二世

1130年	教皇承认鲁杰罗二世为西西里国王
1158年	在隆卡利亚召开的帝国会议上，城市行使公权力的权利遭到禁止
1167年	伦巴第同盟成立
1183年	缔结《康斯坦斯和约》
1202年	第四次十字军东征（—1204年）
1220年	弗里德里希二世[1]，在罗马加冕为帝
1266年	安茹家族的查尔斯[2]，成为西西里国王
1277年	维斯康蒂家族成为米兰的僭主
1282年	“西西里的晚祷”
1284年	在梅洛里亚海战中，热那亚击败比萨
1303年	阿南宜事件
1309年	教廷的阿维尼翁时代开始（—1377年）
1347年	黑死病开始大流行（—1348年）
1378年	教会大分裂开始（—1417年）
1395年	吉安·加莱阿佐·维斯康蒂获得米兰公爵之位

1　弗里德里希二世，也译作腓特烈二世。

2　安茹家族的查尔斯（法：Charles d’Anjo），即卡尔洛一世（意：Carlo I）。

现在神把他的愤怒释放出来了。人类所有的非行都将百无一遗地遭到惩罚。不过，那些从威尼斯城逃出来的人们似乎认为，神的愤怒所惩罚的对象是那些仍留在城里的人们。神的愤怒是不会追赶到他们自己所逃往的地方的。怎么说呢，大家都认定那个城市里已经没有活着的人了，威尼斯的最后时刻已经到来。

——乔万尼·薄伽丘，《十日谈》，原著 1350 年前后

1 城市国家的发展：北意大利

城市的发展

11 世纪末的“神职叙任权”斗争，让意大利城市居民越来越不服从于皇帝为维护自己的统治而任命的主教。在这些主教的权威日渐丧失的同时，城市的管理实权也逐渐落入城市贵族（城市中拥有实力的阶层）手中。事实上，在实行自治的城市中，市民们成立了自己的政治共同体——“科慕内”[1]。“科慕内”这个词在意大利语中有“共通”“共同”之意。

城市统治层一面让其周围的农村从属于自己，一面也让这些农村为自己提供劳动力和粮食。通过这样的方式，确保

1 即commune（意）的音译，也译作“城市共同体”。

了城市的物资流通网络。从属于城市的农村在意大利语中被称为“康塔德”。意大利王国的加洛林王朝时期，“伯”（科慕斯）是一种地方行政官员，伯管区叫作“科密塔图司”，“康塔德”这个词就是从“科密塔图司”一词派生出来的。现代意大利语中表示农民的单词“康塔第诺”则又是“康塔德”一词的派生词。

农村被城市“征服”，农村的征税权、审判权、官吏任命权等一系列公权力也由城市行使，是这个时期北意大利的一大特征。而在中世纪的欧洲，这个特征也是一个非常特异的现象。虽然城市控制农村是北意大利城市的共同特征，但每一个城市实行自治并将其周边农村纳入管辖的方式各不相同，所以在认识与分析城市实体形成的过程中，不应将其当成某种普遍性或者说是一般性的认识。

11 世纪末至 12 世纪是城市共同体“科慕内”的形成时期。在城市共同体的形成阶段，城市的运营与管理是由“康索利”承担的。“康索利”一词从古罗马共和国时期的“康斯尔[1]（执政官）”演变而来。每个城市共同体的“康索利”人数不尽相同，少的仅有 2 人，多的则有 20 人左右。

担任“康索利”的人均出身于有着军事传统的家族，他

1　即consul（拉）的音译。

们又以父系亲缘为轴心，结成亲族集团。各个亲族集团围绕着城市的统治实权而争斗不休。他们为了展示一族的权威与财富，还常常修建具有象征意义的高塔。当时，在很多城市的街市里，都四处林立着这样的高塔。一些城市至今仍可以见到这些高塔的遗迹，如圣·吉米那诺。

城市同盟与城市内部的抗争

城市共同体是在皇权与皇帝的权威日渐衰弱的背景下产生的。因此，只要皇帝的权力恢复，城市共同体行使征税、审判等公权力就会被视为对皇权的侵犯。1158 年，神圣罗马帝国霍恩斯陶芬王朝的皇帝弗里德里希一世在隆卡利亚召开了帝国会议。隆卡利亚位于今艾米利亚－罗马涅大区皮亚琴察的近郊。此次帝国会议上，皇帝作出了禁止城市共同体行使公权力的决定。1162 年，皇帝的军队攻入反皇立场最为鲜明的米兰，米兰的街市被皇帝的军队摧毁。

面对这样的局势，北意大利的城市选择团结一致。1167 年，这些城市组成伦巴第同盟。同盟的名称虽被冠上了伦巴第，但加入这个同盟的城市并不限于伦巴第地区。在西至皮埃蒙特，东至威尼斯，南至艾米利亚－罗马涅的广大范围内，诸城市纷纷加入了同盟。1176 年，皇帝的军队与城市同盟的军队在米兰近郊的莱尼亚诺激战。在这场战斗中，城市同盟的军队取得了胜利。1183 年，皇帝与城市同盟缔结了《康斯坦斯和约》。按该和约要求，加入城市同盟的各城市应承认皇帝的宗主权，而皇帝对城市的自治权也予以确认。

缘此，“莱尼亚诺之战”被后世视为守护城市社会与地域社会自治与自由的象征。19 世纪中期，朱塞佩·威尔第（1813—1901 年）为歌剧《莱尼亚诺之战》创作了曲谱。

当然，城市之中存在着派系的对立。神圣罗马帝国皇帝对城市事务的介入进一步助长了党派对立。出于派系对抗的需要，一旦某个派系支持了皇帝，那么与之对立的派系必然会选择与罗马教皇密切合作。不仅如此，不同城市中的“同党”也建立了相互协作、相互配合的关系。于是，一个范围更大的、超越单一城市框架的派系网络随之形成。13 世纪以后，支持教皇与支持皇帝的两个派系被分别称为“圭尔菲派（教皇派）”和“吉贝里尼派（皇帝派）”。

不过，这些派系的立场并非一成不变。随着政治形势与政治格局的变化，派系的立场也会发生变化。渐渐地，“圭尔菲派”和“吉贝里尼派”的色彩也越来越淡。因此，把“圭尔菲派”与“吉贝里尼派”这两个名称当作区分城市内部不同派系的象征性名词才是更为妥帖的做法。

城市统治面貌的变化

13 世纪以后，城市的统治体系发生了转变。原先由“康索利”集体统治的体系逐渐被“波德斯塔制”[1]取代。在波德斯塔制下，城市的管理与统治被全权委任给了市政官，而每个城市的市政官均只有一人。这些市政官被称为“波德斯塔”[2]。波德斯塔一词源自表示权力的单词“波德斯塔斯”。市政官大多是从其他城市招聘的，他们在自己任职的城市领取“薪水”，履行职务，且他们的任期一般都不是很长。

城市为什么会把统治权交给来自其他城市的特定个人呢？原因错综复杂，有的城市是因为内部派系对立严重，他们需要一个立场中立的管理者来管理城市；有的城市则是因为面临紧急事态，需要一位能够高效应对和处置紧急事态的管理者。总之，在从“康索利”集体统治制向“波德斯塔”市政官制转变的过程中，每个城市的情况各有不同。但不管出于哪种原因，各个城市的市政官制都具有一个共通的本质，就是城市将自己的统治权委托给了来自其他城市的人，但这个人仅仅在其短暂的任期内拥有城市的管理权。当然，

1　即potestà（拉）的音译。

2　本译稿中，除介绍词汇渊源时采用音译“波德斯塔”外，均将pedestà意译作“市政官”。

市政官往往也出身于具有较高政治地位和社会地位的名门望族。有时，一些人会巡回于不同城市之间，一任接着一任地在不同的城市担任市政官。

在市政官这个职位出现的同一时期，城市内部被称为“波波洛（平民）”的群体也成长为一个颇具实力的集团。波波洛虽是平民，但他们并不是社会底层。中小土地所有者、手艺匠人、商人等有着一定社会地位的群体才是所谓的波波洛。

波波洛不仅拥有自己的协议会，而且自行推选领导者。这些领导者被叫作“卡皮塔诺·德尔·波波洛”（“卡皮塔诺”的意思是“代表”，即英语中的 captain）。这个新兴的社会集团与很久以前就已经成为城市统治阶层的城市贵族互相对立，反复争夺着城市的统治权。

13 世纪前期，虽然在一些工商业发展缓慢的城市中，波波洛的地位尚未明显抬头，但在大多数的城市中，波波洛与城市旧贵族已经走上了愈演愈烈的对立之路。在波波洛与城市旧贵族对抗的过程中，各个城市又都陆续构建了新的统治体制。

一种模式是波波洛中的掌权者趁着城市贵族分裂之机，把旧的统治集团排挤出城市政治中枢，他们一边维持着共和政体，一边实施着寡头制的统治。

另一种模式是“僭主制”。僭主制下，城市的统治权被全权交托给僭主。乍一看，僭主制与市政官制颇为相似。实务中，也的确存在由市政官直接转变为僭主的人。但是，僭主制与市政官制是完全不同的两个制度。僭主一般会长期统治一个城市，有时僭主之位还会被世袭，这是僭主与市政官的最大不同。13 世纪以后，僭主制在北意大利的很多城市都固定了下来。

14 世纪以后，一些社会较为安定、实力较为强大的实施僭主制的意大利城市出现了。这些城市逐渐扩大统治领域的方式是与周边城市结盟，或直接吞并弱小城市。不过，归顺并从属了其他城市的城市也保留着多种多样的特权。譬如，它们仍拥有统治其周边农村地区的权力。虽然被统辖的城市仍保有一定的特权，但进入 15 世纪，整个北意大利地区的面貌已经发生了转变。过去，城市国家体制是北意大利地区的主流，而现在这个地区上已经出现了好几个领土范围更大的领域国家并立的格局。领域国家体制开始成为北意大利地区的主流。

威尼斯

接下来，我们将以几个具体城市为对象，考察它们的统治体系变迁过程中的特征与特质。我们将要考察的城市有：威尼斯、热那亚及米兰。威尼斯与热那亚海上贸易繁盛。米兰虽然地处内陆，但位于重要的交通节点之上，是连接各地的交通要冲。阿尔卑斯山以北地区与地中海沿岸地区的互联互通就是依赖于米兰的。其实，除这三个城市之外，还有一个重要的城市——佛罗伦萨。关于佛罗伦萨，本书将在第 4 讲中对其进行详述。

在意大利的诸多城市中，威尼斯算不上最古老，其历史较为浅近。6 世纪，在伦巴第人的围追堵截下，一些意大利人逃到了一个咸水潟湖[1]中的岛屿上。后来，一座新的城市在此形成与兴起，这座城市就是威尼斯。起初，威尼斯受拜占庭帝国统治。8 世纪，威尼斯独立。10 世纪，在繁荣的海上贸易的驱动之下，威尼斯实现了城市的快速发展。11 世纪，威尼斯不仅从拜占庭帝国获得了贸易特权，而且还掌握了亚得里亚海的制海权。

在东地中海地区，威尼斯也一直在扩张着自己的地盘。10 世纪末，它取得了亚得里亚海东岸的达尔马提亚地区。13 世纪初，参加了第四次十字军东征的威尼斯又获得了克里特岛，并同时在事实上控制了爱琴海的诸多岛屿。威尼斯

1　潟湖，指海的边缘地区由于海水不完全隔绝或周期性隔绝，从而引起水介质的咸化或淡化，与外海相分离的局部海水水域。——编者注

以这些领地为据点，构建起范围广大的商业网络和贸易圈。得益于长途贸易的利润，威尼斯越发繁荣昌盛。

起初，在威尼斯掌权的人是从权门世家中选出来，被称为“多杰”[1]的终身制元首。但后来，城市贵族集结于大评议会，限制了多杰的权力。从此，身为大商人的城市贵族便垄断了威尼斯的政治权力。到13世纪末14世纪初，一些社会地位得到提升的上层市民也要求参与政治。贵族同意了他们的要求，答应让他们以“新贵族”的身份参加大评议会并由此加入统治者集团。不仅如此，他们还一起定下了今后不再吸纳新人加入大评议会的规矩。这样，威尼斯的统治阶层成功实现了自身地位的固化。

发源于阿尔卑斯山的大小河川在威尼斯注入了潟湖，而潟湖的外侧便是亚得里亚海。河川湖海在这里形成了一个微妙平衡的自然环境。这样的自然环境养育着威尼斯城，也塑造着威尼斯城。而为了让这种特殊自然环境的微妙平衡得以保持，威尼斯人不得不时常观察河川的水量与潟湖的水质，他们也不得不从日复一日地观察、观测中总结出一套行之有效而又保持环境平衡的土木工程对策方案。此外，威尼斯人还不得不对可能造成环境破坏的人类活动作出严格的限制。

1　即Doge（意）的音译，日本学界多使用音译，但也存在“总督”“统领”等译法。国内学界一般将其译作“总督”。

正是得益于这座城市封闭而又稳定的统治体制，威尼斯人一以贯之的坚守才能实现。

热那亚

至少在前6世纪，热那亚这座城市就已经存在有据可考的历史了。前3世纪，热那亚与罗马缔结了联盟。之后，它又彻底归顺了罗马。在罗马统治时期，热那亚是西地中海地区的重要港口城市。罗马帝国崩溃后，热那亚曾先后臣服于东哥特、拜占庭、伦巴第、加洛林等政治势力。11世纪末，热那亚成为独立城市。

热那亚在独立自主前已受益于繁盛贸易而获得了长足的发展。13世纪末，在梅洛里亚海战（1284年）中，热那亚击败了对手比萨。从此以后，热那亚确立了提勒尼亚海上霸权。在东方贸易方面，热那亚一边与威尼斯争夺着势

比萨的奇迹广场

力范围，一边又以爱琴海的厄斯岛、黑海沿岸的卡法为据点开展着繁荣的海上贸易。1378—1380 年，热那亚与威尼斯爆发基奥贾海战。最终，威尼斯取得了战争的胜利。但即便如此，在东地中海和黑海，热那亚商人的商业活动依然没有衰减凋敝。

就热那亚的城市内部而言，其在政治上并没有威尼斯那么安定。皇帝派与教皇派对立激化，而市政官制也未能起到缓和矛盾的效果。波波洛与拼尽全力维持自己强势地位的城市贵族之间也存在对立关系。而波波洛势力的地位日渐上升更加激化了两者的矛盾。由于政治上的不稳定，14 世纪后期，热那亚时常受到米兰、法国等外部势力的统治。在这种政治混乱的局面之下，热那亚的豪门望族间逐渐出现了一种被称为“阿尔贝尔格”的私人组织。这个组织不仅囊括了豪门望族自身的成员，也网罗了他们的街坊邻里与宾客舍人。

米　兰

一般认为，米兰是凯尔特原住民在前 6 世纪左右创建的，后来被罗马征服。帝政时期的 3 世纪末，米兰曾一度成为西罗马帝国的首都。4 世纪，在安布罗西乌斯主教的努力下，米兰成为传播基督宗教的重要城市。

前文提到，签订于1183年的《康斯坦斯和约》让米兰以城市的身份独立。12世纪末13世纪初，米兰引入市政官制。1240年以后，城市的实权又落入了波波洛出身的德拉·托雷家族之手。其后，在贵族的支持下，维斯康蒂家族又与德拉·托雷家族展开了争夺城市统治权的斗争。最终，维斯康蒂家族取得了胜利。1277年，维斯康蒂家族的当家人奥托内·维斯康蒂成了米兰的僭主。此后，米兰僭主的位置一直由维斯康蒂家族世袭。1395年，吉安·加莱阿佐·维斯康蒂从神圣罗马帝国皇帝处获得了公爵爵位（1395—1402年在位）。

14世纪，米兰通过军事手段征服了贝尔加莫、科莫、帕维亚等伦巴第地区的城市以及皮亚琴察、诺瓦拉等周边城市。在此基础上，米兰成了一个拥有较大领地的国家。吉安·加莱阿佐统治时期，米兰实现了从城市国家向领域国家的转变。

❷ 西西里王国：南意大利

诺曼王朝的西西里王国

1072 年，鲁杰罗一世（罗格里乌斯）成为西西里伯爵。此时，他领有西西里岛与意大利半岛南部的卡拉布里亚地区。鲁杰罗一世在一定程度上保留了穆斯林统治时期的行政机构，就连行政文书也是以希腊语和阿拉伯语书写的。当时，卡拉布里亚地区和西西里岛东部的居民主要为讲希腊语的希腊正教徒，而在西西里岛西部，居民仍以穆斯林为主。话虽如此，在诺曼人旷日持久的征服过程中，大量穆斯林逃离了西西里岛，岛上的穆斯林人口日渐减少。巴勒莫被征服后，城市里的清真寺也相继遭到了毁坏。

1101 年，鲁杰罗一世溘然辞世。其子鲁杰罗二世以幼冲之岁继承大位。鲁杰罗二世即位之初，由他的母亲摄政。

16 岁时，鲁杰罗二世亲政。亲政后的鲁杰罗二世试图向突尼斯扩张领土，但这一尝试以失败告终。之后，他又把领土扩张的矛头对准了意大利半岛的南部。历经多次大小战斗之后，鲁杰罗二世终于获得了普利亚地区。1130 年，罗马教皇正式承认鲁杰罗二世为以西西里岛和意大利半岛南部地区为领地的西西里王国国王。在巴勒莫，鲁杰罗二世举行了盛大的国王加冕仪式，众多天主教和希腊正教的神职人员出席了他的加冕典礼。

鲁杰罗二世的统治据点原先位于卡拉布里亚，但西西里岛为王国贡献了更多的财政收入。于是，他便把统治中心从卡拉布里亚迁到了西西里岛。然而，迁都导致了那些远离西西里岛的伯爵在地方上的实力逐渐增强，而这些伯爵原本就是地方上的权力实体。这样，王权便出现了弱化倾向。在西西里王国，各个地区在被统合进王国之前都有着自己的国家制度和组织。为了平抑各地的不满情绪，新国王在各地采取了维持其旧有制度和组织的政策。

在官吏任用方面，国王依据当地的居民构成选任官吏。国王任用的官吏之中，既有穆斯林，也有希腊正教徒和天主教徒。但其中，穆斯林尤其受到国王的重用。财政局是王国的核心机构，表示“财政局”之意的单词“杜阿纳”，就是从阿拉伯语中表示“官衙”之意的单词“迪万”演变而来的。而“迪万”这个词，在阿拉伯语中本义为“台账”。后来，“杜阿纳”一词进入了意大利语。现代意大利语中表示“海关”的单词“多加纳”，也是由“杜阿纳”演变而来的。

鲁杰罗二世统治时期，巴勒莫周边修建了气势恢宏的王宫及数目众多的教堂。巴勒莫原本有着一座穆斯林时期的王宫，诺曼王宫就是在这座王宫的基础上经大规模扩建而修建完成的。王宫里的帕拉蒂娜礼拜堂与鲁杰罗殿等建筑物上都有着华丽的装饰，而王宫也因此闻名遐迩。有着圆形大屋顶的圣·乔万尼·德·艾勒米提大教堂，看起来像是一座清真寺，但它其实是在遭到毁坏的清真寺的原址上修建起来的。马托拉那教堂的建筑外侧亦被贴上了精美绝伦的马赛克画。

新国家的首都巴勒莫，花团锦簇、繁华富丽；周边国家的人们，往来其间、络绎不绝。12 世纪后期，来自伊比利亚半岛的穆斯林旅行家伊本·朱巴伊尔到访这座城市，对这座城市称赞不已。在旅记中，朱巴伊尔写道：“一片平原之上满是果树，其间城市屹立。城中街市弄堂宽敞开阔；蔚然壮丽的城市景观简直让人眼花缭乱。流连其间，仿若幻梦”（《旅行记》）。

不仅如此，巴勒莫还成了地中海的世界文化交流中心，很多阿拉伯语典籍在这里被翻译成拉丁语。很多一时间失传的古希腊智识在此得到复苏。在如今的历史研究中，这一文化动向也被称为“12 世纪的文艺复兴”。

霍恩斯陶芬王朝的统治

西西里王权的强化引起了意大利半岛南部贵族的不满。1161 年，半岛南部的贵族掀起叛乱。叛乱发生后，神圣罗马帝国皇帝弗里德里希一世站到了叛乱贵族一侧。介入南意大利的贵族叛乱是弗里德里希一世侵略意大利的政策的一环。前文曾讲到莱尼亚诺之战，在这场战争中，皇帝被伦巴第同盟击败。因此，北意大利已不太可能被神圣罗马帝国收服。于是，皇帝又将目光瞄向了南意大利。对于南意大利的西西里王国，皇帝采取了笼络的策略。12 世纪末，西西里王国发生“王国继承之争”。经过一番争夺之后，神圣罗马帝国的皇帝、弗里德里希一世的儿子亨

弗里德里希二世（引自梵蒂冈图书馆馆藏，《狩鹰书》）

利六世赢得了西西里王国的王位。1194 年，亨利六世在巴勒莫即位为西西里国王。西西里王国的诺曼王朝就此落幕，而霍恩斯陶芬王朝的统治自此开启。

1197 年，亨利六世突然去世。其子弗里德里希（腓特烈）三岁便继承了西西里国王之位。弗里德里希成年后，争夺神圣罗马帝国皇位。1220 年，他成功登基为神圣罗马帝国的弗里德里希二世。

一反常态的是，弗里德里希二世在罗马加冕之后没有前往德意志，而是返回了西西里岛。弗里德里希二世在西西里岛兼任西西里王国和神圣罗马帝国的皇帝。也许对他来说，从孩提到青年时代一直生活着的西西里才是自己最能实现理想追求的地方。

弗里德里希二世把聚居在西西里岛南部的穆斯林全部迁到了意大利半岛的南部地区，他希望通过此举整顿西西里王国的统治秩序。很多迁离西西里岛的穆斯林要么改宗，要么不得不向更为东方的地区迁徙。就这样，西西里岛上基督教徒与穆斯林共同生活的时代宣告结束。

成为皇帝的弗里德里希二世也试图在中北部意大利树立皇帝的权威与权力。为此，他构想在西西里王国北部边境亚平宁山脉中的盆地上修建一座要塞城市。他以霍恩斯陶芬王朝徽章上的象征之物，将这座城市命名为“拉奎拉（鹫）”。

他死后，这座城市终于落成。

1226 年，担心皇帝势力进一步扩张的北意大利城市第二次结成了伦巴第同盟，并再次与皇帝形成对峙局面。13 世纪 30 年代，同盟一方与皇帝一方经常发生激烈冲突。曾经有一段时期，弗里德里希二世成功策反了维罗纳，维罗纳的加入也使皇帝一方在对抗中一度取得了优势地位。但是，为了阻止皇帝权势的扩大，教皇又站到了皇帝的对立面，皇帝的教籍也两次遭教皇开除。后来，弗里德里希二世在军事上渐渐失去了优势。1250 年，在斗争中败北的弗里德里希二世离开了人世。

弗里德里希二世去世后，其嫡子康拉德四世既继承了神圣罗马帝国的皇位，也继承了西西里王国的王位。为扩大统治范围，他将矛头继续对准意大利。但事业未竟，康拉德四世便撒手人寰。1258 年，弗里德里希二世的庶子曼菲尔德继承了西西里王国王位。为强化自己在西西里王国的统治基础，曼菲尔德祭出联姻策略，将女儿嫁给了伊比利亚半岛上阿拉贡王国的继承人彼得。而这次联姻也为后来西班牙在南意大利的统治埋下伏笔。

与此同时，教皇方面也在策划把顺从自己旨意的人选放到西西里王国的王位之上。他们选中了法国国王路易九世的弟弟查尔斯·安茹，并将其叙任为西西里国王。

从教皇那里获得西西里王位的查尔斯·安茹带兵攻入南意大利。结果，查尔斯·安茹成为战争中的胜者，而曼菲尔德则兵败而死。随后，查尔斯·安茹又击败并俘虏了从德意志远征而来的康拉德四世之子康拉丁。被俘之后，康拉丁遭到了处决。就这样，查尔斯·安茹在西西里王国建立了统治。神圣罗马帝国的皇帝或其族人在南意大利的统治暂告中断，法国人的统治自此开始。

“西西里的晚祷”与西西里王国的分裂

查尔斯·安茹在西西里的统治十分脆弱。他不仅把统治中心从巴勒莫迁到了意大利半岛南部的那波利，还任用了很多法国人出任官吏。过去，十字军曾建立过一个短暂存在但很快崩溃的拉丁帝国。查尔斯·安茹企图恢复这个帝国，并与威尼斯联合。为了恢复拉丁帝国，他策划远征拜占庭帝国。为了筹措远征所需的经费，他在西西里王国强行加征课税。安茹的一系列举措引起了民众的反感。其中，以西西里岛居民最为强烈。

1282 年，西西里岛发生了一场当地人大规模屠杀法国人的事件。其开端是西西里本地居民与法军士兵之间的私人纷争。事件最终让查尔斯·安茹丢失了西西里岛。此后，

“西西里的晚祷”便成为反抗外国统治，特别是反抗法国人的干涉的象征。顺便一提，威尔第也曾留下一部名为《西西里的晚祷》的作品。

事件过后，阿拉贡王彼得三世开始统治西西里岛。当时，阿拉贡王国的领土不仅包括其发祥地阿拉贡，还囊括了巴塞罗那伯爵领地、巴伦西亚王国、马略卡王国等西地中海地区的广大区域。虽然名为阿拉贡王国，但即便称之“帝国”也不为过。而这一次，西西里岛终于成为“阿拉贡帝国”的领地。

彼得三世曾试图征服意大利半岛南部，但他的努力未获成功。此后，在半岛南部和西西里岛，同时存在着两个以“西西里王国”为正式国名的国家。它们虽都自称西西里王国，但很快便分道扬镳。学界为了便于区分两者，一般将半岛南部的西西里王国称为“那波利王国”。这一时期，阿拉贡王国还取得了撒丁岛的统治权。

在整个 14 世纪，西西里王国与那波利王国曾数次试图征服对方，但双方均缺乏完全压倒对方的实力。王权走向弱化，而地方贵族却在自己的领地内构建起一种区域性统治体制。此外，来自伊比利亚半岛的加泰罗尼亚商人在西西里这一时期的经济活动中渐渐拥有了较强的影响力。15 世纪，西西里与那波利两国又再次归属于同一政治权力。

意大利的北与南

正如前文所述，意大利被教皇国领地分隔成南、北两大区域。12 世纪至 14 世纪，它们度过了一段不同的岁月。时至今日，意大利的南北差异仍时常被人强调。本讲所讲述的历史时期中的南北差异，与今天仍存在于意大利的南北差异，究竟有着什么样的关系？这是一个十分值得思考的问题。

法国历史学家费尔南・布罗代尔曾在《地中海》（原名《菲利普二世时期的地中海与地中海世界》）中提出了“三种时间”的历史视角，可以为这个问题提供重要参考。布罗代尔把历史时间的概念分成三类。第一类，是关于地理气候等自然环境与人类关系的“几乎不变的历史”；第二类，是关于经济、社会等人类群体动向的“慢节奏的历史”；第三类，是与个人维度相关的“事件的历史”。布罗代尔就是沿这三种类型的逻辑顺序，著就了他的宏伟大作。

我们也按照这三种类型来看一看意大利的“北”与“南”。最先可以注意到的是，意大利南北的地理环境存在着显著差异。北意大利是阿尔卑斯山与亚平宁山之间以波河为中心的广大平原地带。亚平宁山脉几乎纵断了整个细长形的意大利半岛，因此南意大利的平原地带很少，多数区域都是丘陵或山岳地带。（西西里岛其实也是亚平宁山脉的余脉，这个余脉贯穿了整个西西里岛的中央部位，可以说西西里岛的地貌特征与意大利半岛南部十分类似。）

这样的地理条件对生活在这里的人们的行为和活动产生了很大的影响。但是，地理环境并不能决定某个区域历史的全部，也不能决定这个区域社会样态的全貌。因此，地理环境仅仅是影响区域历史和区域社会的诸多因素中的一个。

第二个视角是“慢节奏的历史”。一般认为，布罗代尔所提出的“慢节奏的历史”概念中，有一个大约以 100 年为单位的“节拍”。但是，在有关意大利“北”与“南”问题的讨论中，一些论点将“12 世纪的意大利南北差异”与“现代的意大利南北差异”勾连。这种看法似乎把从 12 世纪到现代这一历史时期视作一个单一的“缓慢历史节拍”。

举个例子，在讨论南意大利历史上的“19 世纪犯罪组织的出现”或“犯罪组织在 20 世纪后期的显在化”的原因时，就有人认为：南意大利缺乏产生于 12 世纪北意大利的那种重视公共性的城市体制，是问题的关键所在。

确实，“慢节奏的历史”是处于“几乎不动的历史”和“事件的历史”之间的概念。其时间节拍，说它是 100 年也可以，说它是 1000 年也可以，在理论上都是可以成立的。但是，如果把一个长达 800 年的历史时段视为一成不变的整体，这本身难道不是某种类型的决定论吗？

在长时间轴上，意大利的“北”与“南”两个地区的确有过几次朝着彼此殊异的方向发展的情况。但不要忘记，在意大利的历史上，两地更多时候趋向同一。比如，在 19 世纪中期意大利统一的时间点上，南意大利居民的识字率明显低于北意大利。而即便是北意大利，其识字率比普鲁士等国也低了不少。当时的有识之士曾把这一问题视为南意大利落后的重要标志而给予过重视。但现在，无论是意大利的南方还是北方，识字率都是 100%。在这一点上，难道还能说“南”与“北”之间仍然存在什么所谓的差异吗？

12 世纪至 14 世纪，意大利北部存在过很多城市国家。与之相对，意大利的南部常常被统合为一个国家。从这一点来说，两地的历史的确可以进行某种意义上的对比。但是，如果直接以此来解释现代意大利南北差异的历史根源，则应谨慎。

③ 教皇权与教皇领地

教皇权的顶点与危机

自 11 世纪末的格里高利七世后，罗马教皇成功成为西方天主教教会的至高权威。不仅如此，以神圣罗马帝国皇帝为首的世俗权力介入神职人员任命这一现象也被教皇成功制止。此后，教廷的内部虽然也曾分裂或出现多位教皇并存对立的局面，但到了教皇英诺森提乌斯三世（1198—1216 年在位）的时代，教皇权迎来了巅峰时期。1198 年即教皇之位的英诺森提乌斯三世不仅干涉过西西里、英格兰等国的内政，还曾开除过多位国王的教籍。在意大利中部，他扩大了教皇的领地范围。后来出现的“教皇国”的基石就是在英诺森提乌斯三世时期奠定的。除此之外，英诺森提乌斯三世在位时期，教廷的组织也进一步得到充实。

不过，随着教皇国家与教廷组织的不断扩大与扩充，教皇和教廷的权限与财力也日渐膨胀了。这些变化导致了教廷内部贿赂成风、裙带主义腐败滋生蔓延。13 世纪，罗马周边的克隆纳家、奥尔西尼家、卡厄泰尼家等新兴贵族的势力日渐抬升。他们不断把自己家族的人送进教廷，并反复上演着权力斗争的剧目。然而，他们的权力斗争引来了法国、英格兰、那波利等国国王的介入与干涉。

终于在 1303 年，发生了一起教皇遭人拘禁的事件。在法国国王菲利普四世的授意下，一群人在罗马近郊的阿纳尼控制并拘禁了教皇博尼法提乌斯八世（1294—1303 年在位）。这位教皇来自卡厄泰尼家族。遭到拘禁后不久，博尼法提乌斯八世便离开了人世。

此次事件之后，在法国国王的支持下，不少法国人坐上了教皇的位置。1305 年即位为教皇的克莱门斯五世（1305—1314 年在位）甚至连加冕仪式都没有亲赴罗马举行，而是在里昂完成了自己的加冕典礼。克莱门斯五世后的约 70 年，法国阿维尼翁成了教廷的所在地，而教皇也在阿维尼翁执掌圣务。人文主义者彼特拉克批判说，这是“教皇的‘巴比伦囚徒’”的状态。

后来，教廷得以迁回罗马。迁回罗马不久后，教廷于 1378 年举行了一次教皇选举。然而，秩序混乱的教廷竟然选出了不止一个教皇。刚开始有 2 个人被选为教皇，后来甚至出现了 3 位教皇并立的状况。直至 15 世纪初在南德意志康斯坦斯召开的康斯坦斯公爵会议上，这场教会大分裂才得以解决。

异端与新型修道会

进入 12 世纪，检举弹劾神职人员堕落腐败的行为屡见不鲜。比如，阿纳尔多·达·布雷西亚曾在罗马宣传教皇不具有世俗权后被处决。另外，来自法国的瓦尔多教派和卡特里教派也在以北意大利为中心的广大区域内招揽了大量信徒。这些教派都被视为异端，遭到了彻底的打压。来自卡拉布里亚的菲奥雷·达·约阿基姆曾留下了一个预言：“教会组织在将

阿西西的方济各（乔托作，《向鸟布道》）

来必然消失，而真正圣洁的生活将成为主导。”不过，约阿基姆未曾被教会视为异端。

阿西西的方济各（1181 或 1182—1226 年）的传教活动最初也被视为异端行为。方济各原本出生于一个富裕的商人家庭。青年时期的他还曾梦见过自己当上了一名骑士。但有一天，他似乎突然顿悟了。从此之后，便以褴褛裹身，过上了清贫乐道的生活。他常常用通俗的语言，以浅显易懂的方式向民众宣讲教义。对于持有异议的人，他也会谨慎行事，不会妄加揣测、轻易定罪。后来，阿西西的方济各与他的教友们一起创立了“方济各会”。

方济各去世后，教廷将他叙列为圣人。但这仅仅是教会把方济各会纳入教会的组织体系之中的策略而已。方济各会以及与其同时期创立的多明我会等新型修道会，共同给教会组织注入了一股新风。

第 4 讲

文艺复兴的时代

米开朗基罗，《圣殇》

1333 年	阿尔诺河泛滥
1375 年	佛罗伦萨与教皇军队发生战争（—1378 年）
1378 年	佛罗伦萨爆发梳毛工人起义
1406 年	佛罗伦萨收服比萨
1434 年	科西莫·德·美第奇，掌握了佛罗伦萨的权力
1453 年	奥斯曼帝国征服君士坦丁堡
1454 年	《洛迪和约》
1469 年	洛伦佐·德·美第奇，开始执掌佛罗伦萨的大权
1478 年	佛罗伦萨发生“帕齐家的阴谋”
1494 年	美第奇家族被赶出佛罗伦萨
1498 年	萨佛纳罗拉遭处决
1512 年	美第奇家族返回佛罗伦萨

绘画的本质是，用素描和色彩把活生生的自然以其本来的样态，毫无修饰感地、准确地再现出来。除此之外，别无其他。这是马萨乔对绘画本质的理解。他确信，如果在这一点上追求完美，那么一定能作为一名优秀的画家而得到世间认可。马萨乔热心于学习，潜心于研究，成了克服绘画表现手法上的生硬、不完美和难点的诸位先贤之一。

——乔尔乔·瓦萨里，《文艺复兴画师传》，原著 1550 年

❶ 城市经济的繁荣

人口的增长与农村的发展

意大利的人口在日耳曼人入侵之后曾一度减少至 350 万。不过，据学界推算，10 世纪，意大利的人口又恢复至 700 万。14 世纪初，又进一步达到了近 1000 万。14 世纪中期爆发黑死病后，意大利的人口急剧减少。但 16 世纪初，其人口数又再度增加至 1000 万左右。

10 世纪以后的人口迅速增长是与农产品产量的增加有着密切关系的。以往未曾用于耕作的沼泽地带得到了开拓与疏浚，沼泽变为耕地。家畜，尤其是马，被灵活运用于耕田。人们还使用水车对谷物进行脱壳，将谷粒制作成面粉。因此，虽然劳动力较少，但生产效率有了显著的提升。

12 世纪至 13 世纪，在农业生产水平提高的背景下，意大利中北部地区的“新村建设”也得到了推进。所谓的“新村建设”，是指控制着周边农村地区的城市，以提高生产效率为目的，对农村的农民进行重新编组的一项活动。农村社会的经济发展是城市经济繁荣的大前提。

十字军与海上商业

11 世纪末以后的两百余年间，天主教世界存在过一个以“解放圣地”为其所谓使命的组织——十字军。在十字军活动期间，西欧势力不断以武力侵扰穆林斯的统治领域以及拜占庭帝国。热那亚、比萨、威尼斯等海洋城市国家都曾支援十字军的活动。而作为回报，它们也从中获得了不少商业特权。

于是，这些城市国家的海上贸易得以发展，而它们也确立了自己在地中海商业圈中的霸权。东方的香辛料、丝绸纺织物等产品，通过它们被输送到西方；而德意志的银、佛兰德的毛纺织物等西方的商品也被它们带到东方。意大利商人的商业网络日渐扩大，甚至连东方的黑海沿岸也能见到意大利商人的身影。不仅如此，在位于法国香槟、连接西北欧商圈与地中海商圈的大集市中，意大利商人也扮演着重要的角色。

长途贸易的兴隆给意大利的城市，特别是中北部内陆城市的发展也带来了很大的刺激。在锡耶纳、佛罗伦萨，不仅金融业蓬勃发展，就连制造业也有了长足的进步。尤其是佛罗伦萨，自 14 世纪后期，这座城市就已经开始出产高品质的毛纺织品了。

但工商业高速发展的势头因 14 世纪前期的一场危机而出现了中断。这场危机便是以 1348 年为顶峰的黑死病大流行。然而，14 世纪后期，工商业又开始回到快速发展的轨道。意大利迎来了一个持续到 15 世纪的经济增长时代。

商业方式的进步

商业活动的发展和商业规模的扩大也促进了商业方式与商业手法的进步。过去的商业形态是商人每接到一个订单，就要亲自进行一次商品运输。后来，商业的形态发生了变化。在新业态下，商人在各个交易目的地开办分店，或者将业务委托给自己派在当地的代理人。而商人们自己则固定地待在自己的“商业据点”。用于交易的商品不再需要商人亲自押送，通过分店或代理人就能得以源源不断地流转。

随着这类固定型商业形态的普及，不少商人也从过去的家族经营型商人变成了社会组织型商人。为了与远在他方的代理人之间进行资金汇兑与商品交接，商人开始广泛使用汇兑票据与商品发票。这样一来，用于商业通讯的文票、文书也日渐发达。

长途航行与长途运输存在很多风险，为了减轻这类风险，海上保险、海事法也在这一时期意大利的很多城市中应运而生。此外，在这一时期意大利的商业城市中，还诞生了一种简明而准确的会计记账方式——复式记账法。

❷ 佛罗伦萨与文艺复兴

佛罗伦萨的历史脚步

我们在前一讲中提到了威尼斯、热那亚、米兰的发展历程。现在，我们将对意大利的另一个重要城市，同时也是文艺复兴发祥地的佛罗伦萨进行讲述。佛罗伦萨始建于前 1 世纪后期。建城之初，它是罗马的一个殖民城市。城市里有一座有着巨大圆形大屋顶的教堂——花之圣母大教堂。这所教堂也是这座城市的象征。在教堂与阿尔诺河之间，有一块四公里见方的历史核心区域。这片空间里，笔直的道路纵横交错地画出了一个个方形网格的形状。而这也是一直流传至今的、古代罗马城市格局的遗痕残梦。

佛罗伦萨的较大发展是从 11 世纪后期开始的。当时，托斯卡纳边境伯爵将其封建统治的据点从卢卡迁到佛罗伦萨，而这也成为佛罗伦萨发展的契机。此后，在经济增长的背景下，工商业者的实力逐渐强大。这些上层市民集结到各式各样的同业协会组织之下，并牵制了一直以来统治着这座城市的贵族。1250 年，工商业者们终于把偏向并依赖于皇帝的旧统治集团赶下台。第一届波波洛政府就此成立。

不过，对外战争的失败让工商业者一度丢失了其政权。但在不久之后的 1282 年，他们再次夺回权力，也建立了第二届波波洛政府。这个政府由兼具政治、军事功能的同业协会的代表所构成，共有 21 个同业协会参与了市政运营和政权管理。其中，大商人协会、汇兑业协会、医生和草药商协会、丝绸纺织品协会、毛纺品协会、皮毛商协会、律师和公证人协会这七大协会是核心，此外还有 14 个不同的协会。每个协会都从各自的会员中推选出六名委员，这些委员便是城市的执政官。委员在任期之内与其他委员一起执掌市政，但他们的任期都只有短短的两个月。

可是，旧势力对平民（波波洛）统治的抵抗力度也十分大。为了平抑抵抗，佛罗伦萨在 1293 年制定了《正义法规》。那些被视为“豪族”的大门阀的家族成员被禁止出任公职。此外，城市还设置了一个被称为“正义旗手”的岗位。正义旗手是城市的执政长官，所有参与城市管理的委员都归他领导，听他指挥。此后，大门阀家族的一部分人为了重新获得公职，不得不以工商业者的身份和面目加入各种行业协会。

皇帝派遭到清理和清算之后，教皇派在佛罗伦萨确立了优势地位。但是，教皇派中又新分化出黑、白两派，两派之间也发生了激烈的争斗。诗人但丁·阿利吉耶里（1265—1321 年）曾是白派成员，他在斗争中失败，被判处死刑。判决下达后，他逃出佛罗伦萨。终其后半生，他都一直漂泊于北意大利的其他城市，过着飘忽不定的流亡生活。他的名著《神曲》（1309 年前后—1321 年执笔）就是在其流亡期间写成的。

另外，与教廷建立了紧密关系的佛罗伦萨还打败了皇帝派占主导地位的敌对城市锡耶纳和比萨。尤其值得一提的是，佛罗伦萨的商人还曾为查尔斯·安茹的远征提供资金援助。通过此举，这些商人在那波利王国、教皇领地，甚至法兰西王国，都取得了教皇征税人的地位。不仅如此，佛罗伦萨的商人还曾为英格兰国王等人提供贷款。以金融业和长途贸易业为两大主业的佛罗伦萨逐渐发展成了在整个意大利地区都屈指可数的繁荣城市国家。

14世纪的危机与美第奇家族的抬头

然而，14世纪30年代以后，灾难和祸事接二连三地降临佛罗伦萨，给这座繁荣的城市投下了重重阴影。1333年，阿尔诺河洪水泛滥，一时间，整个城市都被洪水吞噬；14世纪40年代，由于经济的停滞，大批金融业者也纷纷破产；1348年，黑死病大流行更是让佛罗伦萨的人口锐减了一半。

14世纪后期，围绕着教皇领地的重编重组问题，佛罗伦萨与教廷又发生了矛盾。双方的关系急剧恶化，最终演变为一场军事冲突。一波未平一波又起，尚处于纷乱漩涡当中的佛罗伦萨又在1378年发生了梳毛工人起义。这场起义由对市政不满的从事毛纺织业的中下层劳动者（梳毛工）发起。梳毛工虽短暂地获得了参与政权运营的权利，但很快遭到武力镇压。此后，佛罗伦萨构建起由几个大家族垄断政权的新统治体制。

渡过与教皇冲突的难关，梳毛工人的起义最终也得以成功平息。度过困难时期的佛罗伦萨从14世纪末便开始图谋扩张领地了。它断断续续地与周边国家发生了一些战争，并通过战争吞并了一些规模较小的城市。1406年，佛罗伦萨使其长年的竞争对手比萨归顺。11世纪，比萨获得了自治权。此后直到13世纪，它都是地中海世界中的一个繁荣都市。众口皆称的比萨斜塔（圣堂广场大钟楼）以及与之相邻的大圣堂（动工于 11 世纪）、洗礼堂都是在比萨的鼎盛时期（12 世纪）竣工的。

领地的扩大让佛罗伦萨开始向领域国家蜕变。正当此时，一个家族也开始在这座城市中崭露头角。这个家族就是美第奇家族。14 世纪末，美第奇家族的当家人乔万尼·迪·比奇通过给教廷放贷积累了巨额财富，他的家族也因此而上升为佛罗伦萨的名门望族之一。美第奇家族的家系起源并不是十分清晰，不过，一般认为乔万尼·迪·比奇来自佛罗伦萨近郊。

乔万尼之子科西莫（通称伊尔·韦基奥，1389—1464 年）进一步发展了家业。他甚至把自家银行的分店开到了日内瓦、弗兰德的布鲁日等意大利以外的地区。他一面蓄积着自

美第奇家族的科西莫（左，蓬托莫作）与洛伦佐（右，布伦齐诺作）

己的财富，一面又以不怎么显山露水的手腕将政敌一个接着一个地全都赶出了佛罗伦萨。于是，佛罗伦萨的市政大权逐渐落入科西莫的手中。15 世纪 30 年代，科西莫成为这座城市事实上的统治者。此时，佛罗伦萨虽然在形式上仍具有“共和国”的名号，但大权事实上已经落入个人之手。科西莫死后，佛罗伦萨赠予他“祖国之父”的尊号。

后来，佛罗伦萨发生了一场针对美第奇家族的变故，即“帕齐家的阴谋”。策划这个阴谋的人试图将美第奇家族赶下台。当时和弟弟共同掌权的洛伦佐（通称伊尔·玛尼菲科，1449—1492 年）均遭遇了这场变故。洛伦佐的弟弟在变故中遭暗杀，但洛伦佐得以幸免，逃过劫难的他也开始一个人独掌佛罗伦萨的大权。1453 年，奥斯曼帝国攻陷了拜占庭帝国的国都——君士坦丁堡。对于洛伦佐来说，这是一个契机。第二年，他与奥斯曼帝国签订了《洛迪和约》，恢复了佛罗伦萨的和平。此时，美第奇银行的经营状况虽然已经出现了衰退的迹象，但是美第奇家族的权势到达了顶峰。

文艺复兴与赞助人

美第奇家族的科西莫和洛伦佐都曾作为政治与经济的领导者在历史上扮演过重要的角色。不仅如此，他们也都曾以“文化赞助人”的身份为意大利文化的发展发挥过积极的作用。通常来说，文化活动、艺术活动都需要资金的支持，而对这些活动给予资金支持的个人或者组织就是“文化赞助人”。在文艺复兴时期的佛罗伦萨，以美第奇家族为首的富商阶层就曾当过这样的“赞助人”。如果缺少他们的支持，15 世纪的佛罗伦萨可能很难创作出数量如此之多、水平如此之高，又如此华美瑰丽的艺术作品。

当时，人文主义（后文详述）的学术研究可谓盛极一时。科西莫对学术研究的支持也可以称得上是在所不惜。他充满热情地投入“写本”“手抄本”的收集事业。他把知识分子的藏书归拢到了一起，并创办了一个收藏这些图书文献的图书馆。图书馆与图书馆收藏的文献全部向市民开放。除此之外，他还十分倾心于建筑物的改造与修建。在对圣·洛伦佐大教堂实施改造工程时，他在教堂院子的角落修建了一个专供美第奇家族使用的礼拜堂。不过后来，这个教堂本身实际也变成了美第奇家族的“家族教堂”。此外，他还为美第奇家族修建了一处新宅邸（今美第奇·里卡迪宫，现用作大区政府驻地）。据称，宅邸动工时，他曾嘱咐：不要建得那么奢华。但即便如此，这座宅邸的豪华也能引发市民情不自禁的赞叹之声。

另外，他还委托艺术家专门为他创作作品。宾客满座的科西莫与雕刻家道纳太罗（约 1386—1466 年）、虔诚的修道士弗拉·安吉利科（约 1395—1455 年）、不那么虔诚的修道士菲利波·里皮（约 1406—1469 年）等人，都结下了交情不浅的友谊。

洛伦佐·德·美第奇同样是一位有着很高教养的人，创作了很多优美的诗歌。与科西莫时期相比，美第奇银行的经营在洛伦佐时期出现了低迷。因此，洛伦佐对文化艺术的资金资助规模可能比科西莫要小一些。但是，洛伦佐比科西莫更为广交朋友。在他的周围，甚至还形成了一个文化交流的圈子。人文主义者皮科·德拉·米兰多拉、艺术家包提柴里等很多文艺复兴时期的代表人物都曾汇聚在他的周围。

共和政治的复活与美第奇家族的复辟

洛伦佐在佛罗伦萨一手遮天，这渐渐引起了佛罗伦萨市民的不满。洛伦佐死后，其子皮埃罗继承了他的权力。1494 年，准备远征那波利的法国国王查理八世向皮埃罗提出了借道佛罗伦萨的要求，皮埃罗以屈辱的条件答应了法国国王的要求，市民对他的不满情绪终于爆发，而美第奇家族也被赶出佛罗伦萨。

赶走美第奇家族之后，佛罗伦萨进入权力真空期。在此情况下，一位来自费拉拉的多明我会修道士吉罗拉莫·萨佛纳罗拉出现在佛罗伦萨民众的面前，他通过传教获得了大量民众的支持。掌权之后，萨佛纳罗拉严厉禁止了一切奢侈华美的事物。不过，萨佛纳罗拉的统治并不长久。他很快就失去了民众的支持。1498 年，萨佛纳罗拉被当为“异端”处决。之后，皮埃罗·索德里尼又登上了佛罗伦萨的政治舞台。他以终身执政官的身份统治了佛罗伦萨。索德里尼的统治得到了他的亲信尼可罗·马基雅维利（1469—1527 年）的支持。在政策上，索德里尼采取了靠拢法国的方针。当时，法国在意大利挑起了一系列的战争。当法国在这些战争中落败之后，索德里尼在佛罗伦萨的统治也便走上了末路。

1512 年，美第奇家族重新回到佛罗伦萨，美第奇家族在佛罗伦萨的统治也得到了复辟。这段时期，美第奇家族还先后产生了两位教皇。一位是利奥十世（洛伦佐的次子乔万尼，1513—1521 年在位），另一位是克莱门特七世（洛伦佐的侄子，1523—1534 年在位）。然而，这些都没有给美第奇家族在佛罗伦萨的统治带来安泰祥和。下一讲中，将对此进行详述。

③ 人文主义者们和艺术家们

人文主义

长途贸易给意大利的很多城市都带来了繁荣。同时，来自地中海各地的信息与知识也源源不断地流入意大利。另外，如前文所述，希腊古典时期的很多文献已然经过阿拉伯语的翻译又被再次转译为拉丁语。同时，14 世纪突然袭来的经济恐慌与来势凶猛的黑死病也进一步动摇、冲击着人们过去的价值观[1]。

在此背景之下，14 世纪时，新的思想潮流——“人文主义”便在以佛罗伦萨为中心的意大利诸国中应运而生。过去的经院哲学是以“神”为中心的思想体系，而人文主义则提

1　指中世纪的价值观。

出了以“人”为中心的人本主义世界观，肯定人世的存在。这是两者之间迥然不同的地方。在当时人们的认识中，希腊与罗马的古典时代曾存在过理想的人本主义世界观。基于这样的认识，古典研究得到了极大的发展。

人文主义十分注重古典研究。因此，精确解读古典文献的文献学与以调查古典遗迹为中心的考古学都得到了很大的发展。此外，人文主义者还试图在古希腊、古罗马的历史中找到城市国家自立自生的范本，也希望从古典时代的历史中寻找到共和政体的蓝本。把对古典文献的研究成果与当下的现实政治实践两相结合起来是当时很多人文主义者所抱有的志向。人文主义者中也涌现出了一批关心现实政治生活的人。而这也是人文主义的一大特征。

人文主义者的活动

弗兰奇斯科·彼特拉克（1304—1374 年）被称为“人文主义之父”，他的父亲曾是佛罗伦萨的一名法律公证人。在党派之争中，彼特拉克的父亲被赶出佛罗伦萨。他们一家先是逃到托斯卡纳南部的阿雷佐，而彼特拉克也出生于此。后来，他们又举家搬到了阿维尼翁。在搬到阿维尼翁后不久，彼特拉克邂逅了一位名叫劳拉的女子。彼特拉克恋慕劳拉。为了这份情感，他写作了一部诗集——《俗事诗抄》[1]。《俗事诗抄》用朴素平实的语言——“俗语”——写成。彼特拉克游历意大利各地，在游历过程中，他一边创作着诗文，一边醉心于古典学问的研究。彼特拉克的诗作对后世的影响十分深远，文学界甚至还出现了一个模仿其诗歌风格的流派，这个流派便叫作“彼特拉克主义”。

乔万尼·薄伽丘以其著作《十日谈》（1350 年前后）闻名于世。《十日谈》也是一部用“俗语”写成的作品。薄伽丘同样十分钟情于希腊古典文学的研究。曾担任过佛罗伦萨共和国政府秘书长的科鲁奇奥·萨鲁达蒂（1331—1406 年），在履行公务的同时对不少古典文献开展了比较与校勘的工作。薄伽丘和萨鲁达蒂都是彼特拉克的至交密友，他们两人的古典研究也都受到了彼特拉克的影响。

15 世纪时，人文主义迈入了新阶段。彼特拉克那一代的学者普遍不太读得懂希腊语文献，他们大多通过拉丁语译本来阅读希腊古典文献。不过，进入 15 世纪，很多人文主义者都开始学习希腊语，直接阅读希腊语原文文献的学者也逐渐增多。特别是 1453 年奥斯曼帝国征服君士坦丁堡之后，很多知识分子逃离拜占庭转而来到意大利，这大大增加了意

1　即Canzoniere（意），也译作《诗集》。

大利人学习希腊语的机会。

列奥纳多·布鲁尼（1370前后—1444年）担任过佛罗伦萨共和国的秘书长等职务。他在担任公职的同时，将亚里士多德的诸多著作翻译成拉丁语。除此之外，他还曾写过一部有关佛罗伦萨历史的著作。莱昂·巴蒂斯塔·阿尔伯蒂（1404—1472年）是一位“万能人”，在建筑、雕刻、绘画、文学等诸多领域都颇有建树。他曾为佛罗伦萨豪商鲁切拉伊家族的宅邸设计过一个具有希腊风格的“正立面”。在其著作《家族论》中，阿尔伯蒂还对道德之于市民生活的必要性进行了阐述。

马尔菲利奥·费奇诺（1433—1499年）是一位专注于柏拉图与新柏拉图主义研究的学者，探索基督教与柏拉图思想的“新融合”。乔万尼·皮科·德拉·米兰多拉（1463—1494年）也受到了新柏拉图主义的影响。在柏拉图主义的影响下，米兰多拉提出了“人的自由意志是由神授予的”人本主义思想。这一时期，不少以绘画、雕刻为职业的艺术家也从人文主义者的古典研究中汲取了精神层面的养分。

文艺复兴时期的艺术

法语中的单词“Renaissance”，原本有着“重生、再生”

的词义。19世纪，法国历史学家米什莱首次把这个单词运用到历史学领域。不过，当时这个单词仅仅是一个一般性的历史学术语。19世纪后期，瑞士历史学家布尔克哈特将“文艺复兴”的含义赋予了“Renaissance”这个法语单词。此后，“Renaissance”才开始被用于指代发生于15世纪的那场文化运动。因此，在“文艺复兴”发生的当时，并不存在“文艺复兴”这种说法。但是，在14—15世纪人文主义者的论述中，“使学术与艺术重生”的思想确实存在。比如，彼特拉克曾说过：“光荣的古典时代”过去之后，人类便进入了一个“黑暗时代”；而要想摆脱黑暗，就必须使“古典的”古代得到“重生”。

今天，人们一般认为文艺复兴发源于15世纪初期的佛罗伦萨。然而，16世纪的人文主义者乔治·瓦萨里却把佛罗伦萨的艺术发展历程分成三个阶段。在瓦萨里划分的三个阶段中，13世纪末至14世纪是第一阶段。的确，佛罗伦萨最具代表性的建筑——大教堂（圣母百花大教堂）、旧宫（今维琪奥宫）等，几乎都是在这一时期破土动工的。佛罗伦萨还出现了契马布埃、乔托等大放异彩的艺术家。乔托曾创作过一幅描绘方济各历程的壁画，而他本人也因此而闻名天下。从这些角度来看，13世纪末至14世纪，确实称得上是文艺复兴的重要预备时期。

上文中，我们使用了“艺术家”一词，但在文艺复兴时期，事实上并不存在所谓的“艺术家”的群体，当时从事绘画与雕刻创作的人基本上都被称为“工匠”。另外，虽然文艺复兴初期的很多作品可以看到某一位特定创作者的名字，但实际上，不少作品并不是由个人单独创作的，而是由很多人在工作室中共同“制作”出来的。这是当时的一个普遍现象。不仅如此，作品署名有的是绰号，有的是有“名”而无“姓”。比如，马萨乔（1401—1428 年）、道纳太罗、包提柴里（1445 前后—1510 年）等署名就属于绰号，而并非作者本人的真实姓名。莱昂纳多（1452—1519 年）、拉斐尔（1483—1520 年）等署名则都是作者的“名”，他们的“姓”并没有留在作品上。

佛罗伦萨的文艺复兴史有一个最为引人注目的现象，就是当时的艺术家们几乎都来自佛罗伦萨及其近郊，或者是佛罗伦萨所在的托斯卡纳地区。不得不说这令人叹为观止——欧洲美术史乃至世界美术史都值得大书特书的艺术盛况竟然是同一地域诞生的人所创造的。由此可见，当时的佛罗伦萨是何等繁荣，支援艺术活动的赞助人也不计其数。

文艺复兴时期的艺术家们

我们无法在本书中详述为数众多的文艺复兴时期的艺术家。因此，在本小节中，我们将以几位艺术家的足迹历程为线索，对他们的宏伟事业作一些简要介绍。

佛罗伦萨大教堂旁，有一座名为圣·乔万尼的礼拜堂。当初，为了给这所礼拜堂选择一个最佳的设计方案，佛罗伦萨举办了一场“建筑设计竞标大赛”。有人认为，文艺复兴的帷幕正是被这场竞标大赛拉开的。当时，在大赛的最后一轮角逐中，一位名叫布鲁内莱斯基（1377—1446 年）的建筑师输给了吉贝尔蒂。竞标失败之后，布鲁内莱斯基与道纳太罗一同前往了罗马。在罗马，他们对照着那些古代遗迹，画了大量的素描。在他们成长为“集大成”的建筑

马萨乔，《三位一体》

大师的过程中，这个经历也起到了至关重要的作用。

在艺术领域，道纳太罗的成就是“写实主义”，而布鲁内莱斯基的贡献则是“远近法”。而无论是写实主义，还是远近法，后来都被马萨乔收入囊中。在创作新圣母玛利亚大教堂中的湿壁画《三位一体》时，马萨乔就运用了远近法。在艺术史上，马萨乔的《三位一体》被视为一幅具有里程碑意义的作品。然而，天不假年，年仅 27 岁的马萨乔在其青春鼎盛的年华突然离开了人世。当时，马萨乔接下了一个工作订单。为了这项工作，他前往了罗马。此去不归，他的人生便永远定格在罗马。包提柴里也曾去过一次罗马，但他在罗马仅停留了一小段时间便返回了佛罗伦萨。包提柴里是一位深受新柏拉图主义影响的艺术家，也创作了很多把新柏拉图主义具象化、形象化的作品。他的画作《春》《维纳斯的诞生》等就是这样的作品。

游历机会较多的艺术家，要数列奥纳多·达·芬奇、米开朗基罗·博纳罗蒂（1475—1564 年）以及拉斐尔·桑西三人。他们也有着文艺复兴时期“艺术三巨匠”的美誉。

列奥纳多出生于佛罗伦萨的近郊，曾在韦罗基奥的画室修业学艺。1482 年，列奥纳多来到了米兰公爵鲁多维科·斯福尔扎的宫廷。此后十年，他一直生活在米兰。其间，他曾受圣玛利亚感恩修道院的委托，创作了绘画作品

《最后的晚餐》。

米兰公爵鲁多维科因战败于法国下台。他下台后，列奥纳多也离开了米兰。离开米兰后的两年多，列奥纳多大多浪迹于意大利中北部的城市。1503 年，他终于回到阔别已久的故乡佛罗伦萨。他的名作《蒙娜丽莎》应该就是在这一时期创作完成的。后来，列奥纳多再次回到米兰。回到米兰后不久，美第奇家族出身的教皇利奥十世委托他创作绘画。因此，他也在罗马待过一段时间。再后来，法国国王弗朗索瓦一世邀请他前往法国。于是，他又来到了法国。最终，列奥纳多在法国去世。

米开朗基罗出生于佛罗伦萨一个没落的市民家庭，曾在基尔兰达约画室修习绘画。1494 年，米开朗基罗离开佛罗伦萨，来到博洛尼亚。1496 年，米开朗基罗前往罗马，他的早期作品《哀悼基督》就是这一时期在罗马创作的。1501 年，米开朗基罗回到索德里尼统治下的佛罗伦萨，其间，他创作了雕塑《大卫》。为了创作雕塑《大卫》，他多次前往大理石的产地卡拉拉（托斯卡纳大区北部），寻找适合于创作的大理石原料。后来，在教皇尤里乌斯二世（1503—1513 年在位）的聘请下，米开朗基罗再次来到罗马。在罗马西斯廷大教堂的天顶上，他以“创世纪”为题材，创作了同名湿壁画《创世纪》。

再后来，教皇利奥十世又委托米开朗基罗承担佛罗伦萨圣·洛伦佐大教堂、美第奇家族礼拜堂的装潢工程。为此，米开朗基罗再次回到佛罗伦萨。1527年，美第奇家族被再一次赶出佛罗伦萨。佛罗伦萨也短暂地“复活”了共和国体制，米开朗基罗出任佛罗伦萨“共和国”负责防卫事务的军事委员。“共和国”再次失败之际，米开朗基罗的父亲离开人世，他便又前往罗马。在罗马，他为西斯廷大教堂创作了壁画《最后的审判》。除此之外，他也创作了不少作品。这次前往罗马，他便再也没有离开，并在罗马去世。

三位“巨匠”之中，拉斐尔是唯一一位并非出生在托斯卡纳的。他的老家位于马尔凯地区的乌尔比诺。当时，蒙特费特罗家族统治着这座城市。在蒙特费特罗家族的统治下，乌尔比诺产生了璀璨华丽的宫廷文化。拉斐尔的父亲就曾是一位服务于宫廷的画师，同时也是一位十分活跃的文人。

大约15岁以后，拉斐尔便开始游历意大利中部诸多城市，积累了丰富的绘画技能。1504年，拉斐尔来到佛罗伦萨。在佛罗伦萨，他创作了很多作品。1508年，在教皇尤里乌斯二世的邀请下，拉斐尔来到罗马。在罗马，他为梵蒂冈宫、今日被称为“拉斐尔大厅”的地方，创作了以名画《雅典学院》为代表的数目众多的湿壁画。除创作绘画外，教皇利奥十世还曾任命他担任发掘古代遗迹的“监督官”。

37 岁时，拉斐尔在罗马与世长辞。

《教皇利奥十世与两位红衣主教》（拉斐尔作）

探寻先人的脚步，不难发现列奥纳多与米开朗基罗最终都离开了佛罗伦萨。之所以如此，是因为他们被卷入意大利战争（参照下一讲）的漩涡中。除了列奥纳多，当时大多数艺术家的目的地都是罗马。在意大利中部地区以外的地方开展创作活动的艺术家十分稀少。大多数艺术家之所以都生活在佛罗伦萨和罗马之间，是因为赞助他们从事创作的“艺术赞助人”主要集中在这两座城市。

从文艺复兴走向风格主义

进入 16 世纪，文艺复兴文化又出现了新的面貌。在政局激荡的佛罗伦萨担任过秘书官，并在政治中枢有过亲身经历的马基雅维利为后人留下了以《君主论》为代表的论著；弗朗切斯科 · 圭恰迪尼（1483—1540 年）支持寡头共和政治，他以急剧动荡的佛罗伦萨为中心，写就了著作《意大利史》；既是画家，也是建筑师的瓦萨里（1511—1574 年），则为艺苑名流叙写谱系。他们为后世留下了不朽的名著。

在这一时期的绘画和雕刻领域中，最引人注目的有表现手法上的“暧昧感”和作品内涵上的“寄意感”。蓬托莫（1494—1557 年）就是一位颇具代表性的人物，他的绘画作品通常都十分富有“漂浮感”。文艺复兴文化曾以清新明快为主要特征，然而，在其日渐走向成熟的同时，作品的风格也逐渐变得纷繁晦涩。艺术创作渐渐地朝着“风格主义”[1] 的方向发生转变。更有甚者，从“洞窟”[2] 派生出来的、花样奇异的装饰风格也逐渐流行起来。这种艺术风格被称为“洞窟风格”[3]。时代风格，朝着“奇思异想”的方向迈进。

威尼斯的文艺复兴文化

佛罗伦萨及其周边地区的人文主义者与艺术家也有很多

1 风格主义，指反对理性对绘画的指导作用，强调艺术家的内心体验与个人表现。——编者注

2 洞窟，指当时意大利建筑风格，在庭院里建造人工洞窟。其起源可以追溯到古希腊和古罗马，又在文艺复兴时期再度登上历史舞台。——编者注

3 洞窟风格，指在建筑和装饰艺术中，混合动物、植物、人类等形象的奇特壁画或雕塑装饰。——编者注

走出了佛罗伦萨。他们之中，有的去往意大利的其他地区，有的则去往欧洲其他国家；有受邀而前往他乡的，也有主动离开故土的。但相比于“走出去”的人，“走进来”的人更多。当时，欧洲各地都不断有人到访佛罗伦萨。而文艺复兴的“火种”，也跟随着这些“走出去”与“走进来”的人们，播撒到了佛罗伦萨以外的很多地方。接下来，我们将对威尼斯的“文艺复兴”做一个简要的介绍。文艺复兴时期，威尼斯也是一个艺术领域人才辈出的地方。

在威尼斯的文艺复兴文化中，绘画是一个十分突出的领域。这一时期，威尼斯涌现出了很多值得大书特书的画家。他们把以马赛克画、偶像画为代表的拜占庭文化的传统和佛罗伦萨的文艺复兴文化风格进行融合，成为威尼斯绘画的一大特色。此外，威尼斯艺术家还经常使用油画工具在帆布上作

《乌尔比诺的维纳斯》（提香作）

画，并创作了很多作品。他们所使用的油画工具起源于弗兰德尔地区。使用油画技法创作也成了威尼斯绘画的一大特征。

15 世纪后期，意大利画坛上活跃着一位出生于威尼斯的艺术家——乔万尼・贝利尼（1433—1516 年），他是威尼斯文艺复兴的奠基人。在乔万尼与他的兄长贞提勒・贝利尼、他的义弟安德烈亚・曼特尼亚三人的引领下，威尼斯及其附近地区也发展成为美术界的又一个中心。乔万尼・贝利尼的画室涌现出了一大批绘画界的翘楚。擅长描绘世俗生活的卡巴乔、描绘田园风光的乔尔乔、威尼斯绘画界的集大成者提香・韦切利奥（1488 前后—1576 年），等等，都是从乔万尼画室走出去的名师巨匠。提香・韦切利奥创作了很多宗教画，如《受胎告知》。同时，他也创作了不少异教题材的绘画，如《乌尔比诺的维纳斯》。在 16 世纪后期的威尼斯画坛，丁托列托、委罗内塞等一批艺术家也十分活跃。丁托列托善于用明暗对比展现动感效果，委罗内塞则以丰富色彩的运用见长。

在帆布上创作的绘画便于运输，因此，乔尔乔以后的画家获得了大量来自欧洲各地的绘画订单，他们的很多绘画作品被卖向远方。而帆布油画也从威尼斯传播到其他地区。

第5讲

宗教改革与“五大国”的时代

圣伯多禄大教堂

1454 年	《洛迪和约》
1494 年	法国国王查理八世进军意大利，意大利战争爆发（—1559 年）
1516 年	哈布斯堡家族的卡尔登基为西班牙国王（卡洛斯一世）
1517 年	马丁·路德发表《九十五条论纲》
1527 年	“罗马之劫”
1532 年	彼得·德·托雷德成为那不勒斯王国的副王（—1553 年）
1534 年	耶稣会建立
1535 年	米兰公国被纳入西班牙国王的统治之下
1545 年	“特伦托公会议”召开（—1563 年）
1559 年	《卡托·康布雷西和约》签订，意大利战争结束
1569 年	美第奇家族的科西莫一世获得托斯卡纳大公称号
1571 年	勒班陀海战
1620 年	瓦尔特林纳战争（—1626 年）
1627 年	曼托瓦公位继承战争（—1631 年）
1630 年	北意大利鼠疫流行（—1631 年）
1647 年	巴勒莫叛乱，那不勒斯马萨尼埃洛之乱（—1648 年）

五月的第六天，
就连想要拼写个“十”字，
也畏怯地写得错乱了。
着实是不祥啊！
灾殃、战栗、暴虐的日子里，
在炮火与剑舞中，
人们成了，
勇猛而不知恐惧的、
德意志和西班牙的生赘。
可怜啊！
就在我们的眼前，
天下人都爱慕的、
罗马贵妇人，
被猪狗畜生和亵渎神灵的怪物们，
下了手。
道理，连同着武器都被剥夺了。

——彼特洛·阿雷蒂诺（安德烈·夏太尔，《罗马之劫》，1534年左右）

1 领域国家的形成

“五大国体制”的确立

14 世纪末至 15 世纪初，意大利各地几乎都处于战乱频发的混乱之中。其间，实力较强的城市主动去征服它们周边的“弱者”。这一点，在意大利中北部地区表现得尤为明显。经过一系列的征服之后，“强者”的领地得以扩大。从国家形态上说，这些“强者”也从原来的城市国家演变为拥有一定领地的领域国家。最终，在意大利半岛之上，出现了五个领域较大的“大国”。这五个大国分别是：米兰公国、威尼斯共和国、佛罗伦萨共和国、教皇国以及那不勒斯王国[1]。五大国之间，既对立对抗，也合纵连横。它们的关系在很大程

---

1 即“那波利王国”。为便于读者阅读，本译稿将其译作“那不勒斯”。

度上左右了意大利半岛的历史发展轨迹。

15 世纪中叶，米兰公爵之位空缺。在继承人问题上，威尼斯与那不勒斯提出了异议。为了对抗威尼斯与那不勒斯，米兰与佛罗伦萨建立了联盟。双方的对峙最终演变成一场战争。不过，1453 年突然发生了一件大事——拜占庭帝国的首都君士坦丁堡被奥斯曼帝国攻陷。这样，威尼斯便与奥斯曼帝国直接接壤。形势的突变让威尼斯的危机感越来越强。奥斯曼帝国占领君士坦丁堡的第二年，威尼斯决定与米兰媾和，双方在米兰近郊的洛迪签订了和约。对意大利半岛上的五大国来说，《洛迪和约》是一个重要的契机。因此，和约签订之后，五大国之间实现了互相承认和保证。不仅如此，这几个国家内部也都出现了不稳定的因素。为了内政的安定，这五大国进一步结成同盟。此后，意大利半岛迎来了一个历史罕见的、长达四十年的和平时期。

米兰公国与威尼斯共和国

下文中，我们将就 15 世纪意大利半岛上的五大国作一个简要的讲述。佛罗伦萨共和国的情况，请参照前一讲。

14 世纪末，经过吉安·加莱阿佐·维斯康蒂大公（1395—1402 年在位）的苦心经营，米兰成为公国。维斯康蒂之子菲利波·马里亚又进一步扩大了公国的领地。此时的米兰已成为一个足以威胁其周边城市国家的大国。不过，菲利波·马里亚去世之后，米兰公国便陷入混乱。米兰市区甚至还出现了共和政体的短暂"复活"。

后来，菲利波·马里亚的女婿、雇佣兵出身的弗兰西斯科·斯福尔扎（1450—1466 年在位）结束了乱世，重新统一了公国。弗兰西斯科·斯福尔扎去世之后，其子加莱阿佐·马里亚、其孙吉安·加莱阿佐·马里亚相继继承了公位。

不过，吉安·加莱阿佐·马里亚年纪尚轻便撒手人寰，而公爵的位置也遭到弗兰西斯科之子鲁多维科·马里亚（通称"伊尔·摩尔"，即"摩尔人"。1494—1499 年在位）的篡夺。鲁多维科是一位富有人文主义素养的人，他在经济与文化的发展方面倾注了大量心血。列奥纳多·达·芬奇在米兰生活期间，就曾侍奉鲁多维科。外交方面，鲁多维科采取了在神圣罗马帝国与法国之间保持平衡的方针。当时，神圣罗马帝国与法国彼此敌对。鲁多维科根据时局的变化，时而选择与法国结盟，时而又与神圣罗马帝国联手。然而，这样的外交手段反而给斯福尔扎家族在米兰的统治带来了危机。

14 世纪末，威尼斯不仅获得了稳定的粮食供给，同时也扩充了自己的商业线路。当时，威尼斯人把位于意大利半岛的领土称为“本土”。在实力日渐充实的背景下，威尼斯也确立了进一步扩大本土领域的方针。威尼斯扩张领地的触角首先伸向了地理距离较近的特莱维索。兼并特莱维索之后，威尼斯又先后吞并了维琴察、维罗纳、帕多瓦。不仅如此，它还进一步从米兰公国手中夺得了布雷西亚、贝尔加莫等地。于是，威尼斯共和国也成了一个在意大利半岛北部拥有大块领土的领域国家。

前文提到，《洛迪和约》签订之后，意大利半岛上的战争也得以平息。但在亚得里亚海的对岸，威尼斯还占有达尔马提亚等领地。因此，《洛迪和约》签订之后，威尼斯也仍然与奥斯曼帝国断断续续地发生着战争。与奥斯曼帝国的紧张关系给威尼斯的商业活动也带来了巨大的负面影响。渐渐地，威尼斯贵族的经济活动重心也从商业偏移向了内陆农业。

教皇国

15 世纪以后，教皇国凭借着教皇的权威逐渐扩大着自己的领地。1414 年，康斯坦斯会议的召开使“教会大分裂”得到了终结。在这次公爵会议上，克隆纳家族的马丁努斯五世[1]（1417—1431 年在位）当选教皇。这位教皇把教廷迁回了罗马。此后，梵蒂冈宫成为教皇最重要的办公和居住场所。

教皇国的领地可分为三个层面。这三个层面分别是：罗马城区；罗马城的周边地区（今拉齐奥）；翁布里亚、马尔凯、罗马涅等罗马周缘地区。

14 世纪，教皇与教廷曾一度迁出罗马。其间，罗马变成了一座清角吹寒的荒芜之城。15 世纪，教皇重回罗马。此后，在教皇的指导下，罗马城得以重建。罗马城的周边区域原本是克隆纳、奥尔西尼等大贵族的庄园。但在 15 世纪罗马城的周边区域，教皇的权力逐渐凌驾于原本统治着这些地区的贵族之上。不过，在教皇领地第三层的罗马城的周边地区，教皇权力的大小与地理距离有着密切的关系。距离罗马越是遥远，教皇的权力也就越是虚弱。但即便如此，整个 15 世纪，教皇的权力在这些地区依然有所增强。

那不勒斯王国与西西里王国

安茹家族的统治在那不勒斯王国延续。但是，与安茹家

1　马丁努斯五世（拉：Martinus V），也译作马丁五世（英：Martin V）。

族有着姻戚关系的匈牙利国王有时会提出兼任那不勒斯国王的要求。相应地，那不勒斯国王也会向匈牙利提出兼任其国王的要求。两家为此争斗不休。于是，那不勒斯的国内也逐渐陷入难以收拾的境地。

阿拉贡国王的旁系支脉一直把持着西西里王国的王位。不过，总体上说，这里的王权较为虚弱。15 世纪初，伊比利亚半岛的阿拉贡王室子嗣断绝。此后，卡斯蒂利亚国王胡安一世之子费尔南德被选为阿拉贡国王，西西里的事态也因此出现了剧烈变化。已经担任阿拉贡国王的费尔南德兼任了西西里国王。于是，西西里王国也成了阿拉贡“君合国”[1] 的一员。

费尔南德之子阿方索五世（1416—1458 年在位）即位后不久，那不勒斯王国出现了王位继承人问题。在那不勒斯王国王位继承人摇摆不定的情况下，阿方索五世对其王位产生了觊觎之心。但他的意图遭到了以教皇为首的意大利诸国君主反对。阿方索五世为此尝尽苦头，一度被米兰公爵俘虏。1442 年，他最终征服了那不勒斯，而那不勒斯的王位也被他收入囊中。后来，他将宫廷从伊比利亚半岛迁至那不勒斯，并招揽了诸多人文主义者和艺术家。

1　日文直译为“同君国家联合”，其语源为英语中的personal union。——编者注

这样，分开很久的西西里王国与那不勒斯王国终于又以共主联邦的形式归入同一个国家。阿方索五世去世之后，他的弟弟胡安二世虽然继承了共主联邦的君主之位，但联合体中的那不勒斯王国的王位却被阿方索五世的庶子费迪南一世（通称：费兰特）所继承。这样，西西里与那不勒斯又再次分开。

1469 年，胡安二世之子费尔南德与卡斯蒂利亚王国的王位继承人伊莎贝拉结为连理。此后，二人相继继承了各自国家的王位。1474 年，伊莎贝拉继承了卡斯蒂利亚王国的王位。五年后的 1479 年，费尔南德也当上了阿拉贡的国王。这样，阿拉贡和卡斯蒂利亚便处于费尔南德与伊莎贝拉的共治之下。不过，这种共同统治并不意味着伊比利亚半岛上产生了一个新的国家。两位当事人，无论是费尔南德，还是伊莎贝拉，都未曾使用过“西班牙王国”这样的名称。不过，为了表述方便，从这个节点开始，我们将以“西班牙”来指代这一地区。

❷ 意大利战争

意大利战争的爆发

曾经统治过那不勒斯王国的安茹家族是法国王室安茹家族的一个分支。1494 年，安茹家族的法国国王查理八世以那不勒斯王位曾属于安茹家族为借口，提出由他自己继承那不勒斯王位的主张。这一主张提出之后，查理八世便发兵意大利。第二年，法军占领那不勒斯，而那不勒斯的国王逃亡至西西里。在法国进军意大利的过程中，佛罗伦萨的美第奇家族也经历了被赶出佛罗伦萨的惨痛遭遇，前文中已有所提及。1494 年，法国进军意大利后，为了争夺意大利地区的统治权，神圣罗马帝国、法国、西班牙等周边大国兵戎相见，争夺了数十年，而意大利的大小国家也被裹挟其中。战争持续到 1559 年终结战争的和约签订。这场战争就是通常所说的“意大利战争”。

法军占领那不勒斯之后，教皇亚历山大六世（1492—1503 年在位）联合威尼斯、米兰、西班牙、神圣罗马帝国与法国作战。因此，法国在那不勒斯的统治只维持了很短的一段时间。1499 年，这些国家又发生了一次混战。这一次，法国国王路易十二与教皇、威尼斯联手占领了米兰。米兰的统治者鲁多维科·马里亚（伊尔·摩尔）被赶出了米兰。

1508 年，教皇尤里乌斯二世、路易十二以及神圣罗马帝国皇帝马克西米利安一世又结成了对抗威尼斯的“康布雷同盟”。当时，正在扩张领土的威尼斯侵入了教皇的领地。因此，教皇与威尼斯之间便出现了对立。由教皇、路易十二、马克西米利安一世组成的“康布雷同盟”很快打败了威尼斯。但是，法国在意大利北部的势力又日渐扩大。于是，教皇转变态度，转而与威尼斯、西班牙携手对抗法国，法国在意大利北部的势力遭到清扫。1515 年，法国新国王弗朗索瓦一世与威尼斯结成同盟并再次占领了米兰。这些国家反反复复地在联合与反目之间徘徊盘桓，不断以真实的行动诠释着何为“雁过拔毛”。

神圣罗马帝国皇帝卡尔五世

1504年，卡斯蒂利亚国王伊莎贝拉去世，王位由女儿胡安娜继承。当时，胡安娜居住在弗兰德，其夫菲利普[1]是神圣罗马帝国皇帝马克西米利安之子。他们夫妻二人共同统治卡斯蒂利亚王国（这里做个说明，15世纪中叶以后，神圣罗马帝国的皇位已被哈布斯堡家族继承）。不过后来，菲利普突然去世，而胡安娜也被冠上精神病之名而遭到幽禁。由此，卡斯蒂利亚王国的实权落入伊莎贝拉的丈夫阿拉贡国王费尔南德之手。

1516年，费尔南德撒手人寰。费尔南德去世后，菲利普与胡安娜的儿子卡尔（卡洛斯）在弗兰德的宫廷中宣布自己同时继承阿拉贡与卡斯蒂利亚两国的王位。卡尔即位后，一个由哈布斯堡家族族人统治的西班牙王国出现了。而他的即位也意味着那不勒斯王国、西西里王国、撒丁王国同时处于哈布斯堡家族统治的西班牙的管辖之下。

1519年，西班牙国王卡洛斯一世在神圣罗马帝国的皇帝选举中击败对手弗朗索瓦一世。这样，西班牙国王卡洛斯一世便成为神圣罗马帝国的卡尔五世。这场皇帝选举过程中

1 即西班牙国王腓力一世。

的冲突，后来也发展成为卡尔五世与弗朗索瓦一世在意大利地区展开的霸权争夺战。

罗马之劫

1525 年 2 月，神圣罗马帝国的军队（皇帝军）在帕维亚打败了法国军队。不仅如此，皇帝的军队还俘虏了法国国王弗朗索瓦一世。弗朗索瓦被俘后押解到马德里。翌年 5 月，他才从马德里返回法国。弗朗索瓦回到法国之后，很快便与教皇国、威尼斯缔结了以对抗神圣罗马帝国皇帝为宗旨的同盟。

1527 年，为打击与法国结盟的教皇国，皇帝军攻入教皇国。皇帝军主要由雇佣兵构成，大致分为三类，分别是：德意志雇佣兵、西班牙雇佣兵以及在意大利境内招募的雇佣兵。德意志雇佣兵大多为宗教改革的发起者马丁·路德的支持者。皇帝军的指挥官是法国人查理·德·波旁，波旁之所以加入皇帝军，是因为他的领地遭到了弗朗索瓦一世的没收。

1527 年 5 月，皇帝军对罗马发起进攻。教皇军很快便被皇帝军打得四处溃散。战斗中，教皇克莱门特七世被困于罗马城内的圣天使堡。攻打圣天使堡的战斗十分激烈，皇帝

《罗马之劫》(本作为依据海姆斯凯克原画所制作的铜版画)

军总指挥查理·德·波旁就是在此次战斗中战死的。但教皇最终还是选择了投降。投降后的教皇被囚禁在了圣天使堡。但后来，他成功逃到了奥尔维耶托(今翁布里亚大区)。

皇帝军在罗马驻扎了长达九个月。直到 1528 年 2 月才最终撤离。在这九个月的时间里，失去指挥官的皇帝军在罗马城内无所不用其极地大肆掠夺。遭此劫掠后，罗马城化为一片废墟。攻城战开始前，罗马城的常住人口多于五万人。战后，罗马几乎变成一座荒无人烟的空城。这场惨剧也被称为“罗马之劫”。

西班牙统治的确立

1529 年，奥斯曼帝国向西发兵维也纳。局势有变，卡尔五世希望与教皇、法国国王达成和解。但卡尔又与弗朗索瓦相看两厌，因此由皇帝的叔母与国王的叔母代替他们举行和谈，最终签订《康布雷和约》。该和约承认了皇帝在意大利地区的霸权。

《康布雷和约》虽已签订，但弗朗索瓦并没有放弃争夺意大利。当时，斯福尔扎家族占据着米兰公爵的位置。1535年，斯福尔扎家族的当家人撒手人寰，他没有留下任何子嗣。米兰公爵的位置出现空缺后，卡尔五世将其子费利佩立为米兰公爵。对卡尔此举十分不满的弗朗索瓦出兵占领了与法国相邻的萨沃亚公国。之后，法国军队还在阿尔卑斯山以北地区与皇帝的军队兵戎相见。

1556年，卡尔五世退位，他把西班牙国王的位置让给了费利佩（二世）[1]，而神圣罗马帝国的皇位则被卡尔五世的弟弟斐迪南继承。此后，那不勒斯王国、西西里王国、撒丁王国、米兰公国都统归于哈布斯堡家族的西班牙的统治之下。

1547年，弗朗索瓦一世去世，其子亨利二世继承了王位。但是，此时的法国对意大利仍无放手之心，法国选择与奥斯曼帝国结盟。不过，法军在南意大利与哈布斯堡军的交战中未能收获胜利，而在北意大利，法军更是吃了一场大败

1　即西班牙国王腓力二世。

仗，这场争夺意大利的战争也被打上了终止符。根据 1559 年签订的《卡托·康布雷西和约》，法军撤出了意大利。

就这样，哈布斯堡氏西班牙统治意大利半数以上地区的体制最终形成。

③ 宗教改革与反宗教改革[1]

意大利的宗教改革活动

考察宗教改革在意大利诸国的情况，需要留意这样的两个课题。一是，从马丁·路德开始的这场改革运动在多大程度上渗透了意大利，它与此前在意大利既已存在的、要求刷新教会的动向在多大程度上形成了共振；二是，长期以来，教廷应对宗教改革的举措被认为是对宗教改革这场革新运动的一种反动。教廷的应对举措一般被称为“反宗教改革”。那么，对于反宗教改革，是不是应当将其放置到一个更长的时间范围内，将其作为宗教的长期改革的一个部分来进行再分析？这也是一个值得思考的问题。

1　日文原著称“对抗宗教改革”。

1517年，马丁·路德发表《九十五条论纲》，其思想在转瞬之间便传到了意大利诸国，产生了一定的影响力。此时，教廷内部有一个人理解了路德的思想，而他也摸索了从教廷内部进行改革的途径。这个人就是加斯帕洛·康达里尼（1483—1542年）。

加斯帕洛·康达里尼出生于威尼斯的一个名门望族。在担任驻维也纳、罗马等地的外交官期间，康达里尼就已经深切认识到教廷改革的必要性。1535年，加斯帕洛·康达里尼被教皇保罗三世（1534—1549年在位）任命为枢机卿。此后，他便开始摸索教廷与路德教派之间的妥协之道。1541年，加斯帕洛出席了在南德意志雷根斯堡举行的神职人员宗教对话会议。不过，他最终未能与路德教派达成一个妥协性的协议。

西班牙出身的胡安·瓦尔迪兹（1490前后—1541年）在不否定天主教会权威的同时，主张重视“内在的祈祷”。这种内在祈祷的思想与路德的思想让他差点在西班牙遭到异端审判。不过，胡安逃了出来，在那不勒斯短暂停留了一段时间之后，他又来到了罗马。1531年，瓦尔迪兹开始了在罗马的流亡生活。后来，他又因主张英格兰国王亨利八世的离婚行为具有正当性而离开了罗马。离开罗马之后，瓦尔迪兹再次前往那不勒斯。

在那不勒斯，瓦尔迪兹笔耕不辍，写出了很多解释圣经的书籍，也因此而获得了众多思想上的“继承人”。本笃会修道士本尼德特·冯塔尼尼就是其中之一。冯塔尼尼匿名发表的著作《基督的恩惠》（1543 年）后来虽被教廷列为禁书，但在 16 世纪的欧洲是最为畅销的书籍。

博纳迪诺·奥奇诺（1487—1565 年）曾当过建立不久的嘉布遣小兄弟会的会长。他因受到路德思想的影响而遭到教廷批评。之后，他决心亡命天涯。1542 年，他被设置不久的异端审判庭传唤，拒绝出庭的奥奇诺逃往日内瓦。在日内瓦，他遇见了加尔文。此后，奥奇诺全面接受了“福音主义”。婚后的奥奇诺漂泊于英格兰和苏黎世等地。他曾出版过很多否定天主教“三位一体”思想的著作，也因此被赶出瑞士。最终，奥奇诺在摩拉维亚去世。

1540 年以后，教廷强化了宗教管控。表面上，路德派、福音派在意大利的影响力急剧缩小，但就像《基督的恩惠》在被列入禁书后仍然有人私下传读一样，从阿尔卑斯山以北地区传来的宗教改革新思想也以暗流的形式在意大利存在。

“反宗教改革”

陷入意大利战争旋涡的教廷，最初未能敏锐地应对这场从路德开始的宗教改革。随着宗教改革思想在整个欧洲范围内的广泛传播，教会组织不得不思考内部改革的必要性。后来，天主教会内部也出现了被称为“反宗教改革”的动向。

在教义改革与组织改革的问题上，天主教会最初存在“非妥协派”与“和解派”两大流派。不过，这两个流派也有着两点共通之处。一是，他们都主张维持既有的教会组织；二是，他们都主张从教会内部进行改革。但在如何对待新教改革的问题上，非妥协派较为敌对，而和解派则希望与新教和解，而这即两派最大的不同。

正如前文所述，和解派代表康达里尼参加的雷根斯堡宗教对话会议以失败告终。众人已经发现，天主教与新教诸派在教义上难以和解。就这样，和解派渐渐失去了说服力，非妥协派确立了优势地位。后来，非妥协派的保罗四世（1555—1559 年在位）、庇护五世（1566—1572 年在位）先后当选教皇。教廷与天主教会进一步明确了自己与新教诸派的差异。与此同时，天主教也在策划对自身的教义与组织做出一定的改革或改变。

在天主教决心图变的同时，新的改革派修道会也相继创立，而这也是天主教所开展的“反宗教改革”活动的特征之一。这一时期，新建立的改革派修道会有：从方济各会分出来主张严格遵守会则的嘉布遣小兄弟会（1528 年创立），以救济穷人和病人为主要活动的巴拿巴会（1530年创立）、索玛斯卡会（1534年创立），以女性教育为使命的乌尔苏拉会（1535年创立），以教育与传教为使命的耶稣会（1534年创立），以在教会祈祷室举办信徒聚会为特色的奥拉特里奥会（1564年创立），等等。

这众多修道会中，尤以耶稣会最为活跃。耶稣会的创始人是西班牙巴斯克地区出身的伊格纳提乌斯·德·罗耀拉（1491—1556年）。耶稣会的信徒以耶稣使徒的活动为自己的行为范本，充满热情地开展着传教活动。18世纪，耶稣会在天主教中获得了权威地位。与此同时，启蒙运动已然在欧洲兴起。于是，耶稣会成为诸国开展启蒙运动的一大障碍。

特伦托公会议

从教义与组织改革的视角来看，天主教反宗教改革的顶点是1545年开始的特伦托公会议。此后，会议断断续续地持续到1563年。会议的召开场所——特伦托——位于神圣罗马帝国境内连接罗马与维也纳的大道的中间点。而选择在特伦托召开这场会议也表明，这是一场在皇帝卡尔五世授意下召开的会议。

会议全面否定了路德“人仅以信仰为义，信仰仅依于

特伦托公会议（埃里亚·那乌里奇奥作，特伦托主教区博物馆馆藏）

圣经”的观点（因信称义），并明确了“神职人员乃是神与人之间的媒介”这一定位。主教与神父等神职人员的作用受到了前所未有的重视。此后，天主教会再次强调培养、教育神父的重要性，同时重申禁止神父结婚的规定。不仅如此，“主教必需驻跸于任地”也被作为义务得到了确认。此外，会议还对洗礼、坚振等“七圣礼”进行了再次确认。会议否认了圣经口语本的正当性。但为了传教与普及教义，会议作出了用俗语编写一部《教理问答集》的决议。

特伦托公会议明确了以教廷为中心的天主教会与新教诸派的差异，同时也成功地对教会组织进行了一些改变。虽然会议决议事项的具体落实需要较长时间，但主教、神父必需驻跸于任地的义务让这些神职人员成为各地信仰实践不可忽视的核心。

洗礼、婚姻、丧葬等仪式一般在各教区神职人员的管理之下进行，因此各教区制作了记录这些仪式的大量文书。以《教理问答集》为中心，对民众进行宗教教化成为教会的日常活动。教义通过《教理问答集》渗透给民众，过去停留在表面的宗教信仰逐渐内化。

当然，天主教的反宗教改革运动也必然具有负面影响，其中最为极端是“异端审判”。1542 年，罗马设置了异端审判法庭。这个法庭被用于检举和审判反对教廷与天主教会权威的人。最初的异端审判还不敢大张旗鼓。但后来，异端审判完全成为一种迫害他人的手段。保罗四世时，教廷枢机卿乔万尼·莫罗内被作为路德派的同谋而遭逮捕审判；庇护五世时，还曾发生过对从意大利北部迁到意大利南部卡拉布里亚地区的“瓦尔德派”民众的大规模屠杀。

④ “西班牙和平”

奥斯曼帝国的兴起与地中海世界

16 世纪初，奥斯曼帝国在赛利姆的统治之下，版图持续扩大，帝国连续获得埃及、叙利亚以及大半个阿拉伯半岛的领土。赛利姆一世之子苏莱曼一世在位时，奥斯曼帝国迎来了全盛时期。

1526 年，奥斯曼帝国在摩哈赤之战中取胜。通过这次胜利，奥斯曼帝国征服了匈牙利。为了进一步向西扩张，奥斯曼帝国不断地入侵南意大利。为了增强自身的海上力量，奥斯曼帝国甚至还联合了当地的海盗。最初，法国军队是抵抗奥斯曼帝国海军的主要力量，他们在海上曾多次成功阻止奥斯曼帝国的入侵。当时，法国雇佣军的指挥官是出身于热那亚的名门望族的安德烈亚 · 多利亚。在抵抗奥斯曼帝国的战争中，多利亚发挥了重要的作用。

不过，当时的法国与神圣罗马帝国有着敌对关系，而奥斯曼帝国也以神圣罗马帝国为敌。因此，这两个有着共同敌人的国家迅速靠近，并最终走向联合。敌我关系发生转变之后，多利亚离开了法国军队。离开法军之后，他加入神圣罗马帝国的海军，又以神圣罗马帝国海军提督的身份继续活跃在抵抗奥斯曼帝国的战场上。

奥斯曼帝国的扩张让教皇保罗三世产生了危机感。1538年，教皇与威尼斯、西班牙（哈布斯堡家族）缔结了“神圣同盟”。同年，威尼斯与西班牙联军在如今希腊的普雷韦扎与奥斯曼帝国的军队交战。结果，联军败北，而奥斯曼帝国取得了胜利。这样，威尼斯便失去了爱琴海的制海权。与此同时，奥斯曼帝国确立了其在东地中海的制海权。

15 世纪末以前，塞浦路斯一直是一个独立的国家。但是，其最后一任国王是一位威尼斯贵族女性，她把塞浦路斯的统治权交给了威尼斯。1570 年，苏莱曼一世的继承者赛利姆二世开始对威尼斯控制下的塞浦路斯展开进攻。这一次，罗马教皇庇护五世也再次与威尼斯、西班牙结成“神圣同盟”。三十年前的历史再次重现。

翌年，即 1571 年，威尼斯、西班牙、教皇国联军在伯罗奔尼撒半岛附近的勒班陀与奥斯曼帝国的军队交战。这一次，联军战胜了奥斯曼帝国的军队。可是，在和平谈判中，胜利方的三个国家步调未能一致。威尼斯宁愿承受着“背叛者”的责难，也要与奥斯曼帝国做一个有利于自身经济利益的交易。威尼斯把塞浦路斯让给了奥斯曼帝国，但也从奥斯曼帝国手中获得了继续从事海上贸易的权利。因此，虽然战场上遭遇了失败，但奥斯曼帝国在东地中海的优势地位，在短期之内并未动摇。

“西班牙和平”

当奥斯曼帝国控制着东地中海地区之时，西地中海地区正处于哈布斯堡家族统治的西班牙帝国的控制之下。在西班牙的统治下，16 世纪后期的意大利处于一种较为安定的状态。在学术史上，意大利在这段时期里的安定与和平也被称为“西班牙和平”。在这一时期，曾担任过威尼斯驻西班牙大使的托马索·康达里尼留下了这样一句话：“天主教国王（指西班牙国王）占有着西西里王国、那不勒斯王国、米兰公国这三个在整个意大利之中都至美至佳的土地。”

为了统治这三个国家，西班牙专门设置了一个机构——意大利咨议会。咨议会由六人组成，其中西班牙人三人，米兰、那不勒斯、西西里三国各派出一名代表。咨议会负责掌控三个国家的各种情况，并将其写成报告上奏国王。虽然基础政策的决定权掌握在西班牙国王手中，但具体政策的实施基本上被交给了这三个国家自己的官僚机构。

“西班牙和平”时期，处于西班牙支配下的三个国家的共同特征是官僚机构的臃肿化。书记官、司法官、征税官等承担国家机构运营的官吏的人数急剧增加。担任这些职务的上层市民通过购买爵位和土地，逐渐形成了一个新的贵族阶层。

另外，西班牙在整个 16 世纪一直都与奥斯曼帝国进行着大小战役，所以也不得不持续支出巨额军费，其中以海军军费为主。因此，发行国债逐渐成为常态。其结果是，西班牙对购买其国债的意大利诸国，特别是热那亚的金融业者和商人的依赖也愈发强烈。

佛罗伦萨与教皇国

在此，我们对并未处于西班牙直接统治之下的佛罗伦萨和教皇国在 16 世纪后期的状况，作一个简要的介绍。

在佛罗伦萨，1532 年亚历山德罗·德·美第奇（1532—1537 年在位）获得了佛罗伦萨公爵的爵位。此后，佛罗伦萨在名义上和实质上都从共和政体转变为君主政体。

其间，美第奇一族的卡特莉娜嫁给了法国国王弗朗索瓦一世的儿子亨利（二世），她在法国人称“凯瑟琳·德·美第奇”。卡特莉娜把包括饮食文化在内的意大利文艺复兴时期各种各样的文化都带进了法国宫廷。另外，法国国内宗教对立激化期间发生的圣巴托洛缪大屠杀（1572 年）也与她有着密切的关系。

后来，亚历山德罗遭到暗杀。美第奇家族旁系出身的科西莫一世（1537—1574 年在位）成为佛罗伦萨公爵。之后，他又攻打并吞并了佛罗伦萨的长期竞争对手——锡耶纳。1569 年，科西莫一世获得了“托斯卡纳大公”称号。此后，这个以佛罗伦萨为中心的国家在名称上变成了“托斯卡纳大公国”。

科西莫一世把原来的“僭主宫”（今维琪奥宫）用作自己的“大公宫”。后来，他又买下阿尔诺河对岸的碧提宫进行扩建，还兴建了由瓦萨里设计的乌菲兹宫（今用作美术馆）。乌菲兹宫当时被用作政务官署。科西莫一世在宫廷中招徕了很多人文主义者和艺术家。同时，他也为实现新征服的、包括锡耶纳在内的托斯卡纳一带的统治阶层的一体化而费尽心力。

16 世纪末，费迪南一世（1587—1609 年在位）把大公宫迁到碧提宫。因为很多人认为，僭主宫是共和国时代的象征之物，并不适合继续用作君主的宫殿。费迪南一世把他的侄女玛利亚（玛丽·德·美第奇）嫁给了法国国王亨利四世。在经济方面，费迪南一世振兴了丝绸纺织业。为了振兴贸易，他还把里窝那港定为自由港。

整个 16 世纪，教皇国的目标都是复兴“罗马之劫”后荒芜的罗马城。法尔内塞家族出身的保罗三世重用了米开朗基罗，他委托米开朗基罗更改圣伯多禄大教堂小穹顶的设计方案。此外，坎皮多利奥广场的重建等事业也被委托给米开朗基罗。教皇西克斯笃斯五世（1585—1590 年在位）对拉特拉诺宫和梵蒂冈图书馆进行了重建。其后，西克斯笃斯五世还修筑了连接主要教堂的直线道路。

16 世纪后期的罗马，新的建筑一座接一座地相继落成，城市的面貌也焕然一新，而这一切与 17 世纪巴洛克文化的繁荣也有着密切的关系。

“三十年战争”与意大利

进入 17 世纪，意大利再次卷入战争。以波希米亚新教贵族掀起的反神圣罗马帝国斗争为开端的乱世，逐渐扩大为波及整个欧洲的一场漫长战乱，这场战乱后来被称为“三十年战争”。战争不知不觉从最初的宗教对立演变为法国王室波旁家族与西班牙、奥地利皇室哈布斯堡家族之间的对抗。意大利诸国也被卷入这场两个王族之间的对立争斗中。意大利的“三十年战争”，主要以北意大利为舞台。

1620 年，伦巴第地区北部的瓦尔泰利纳河谷地区发生了天主教徒杀害大量新教徒的事件。当时，瓦尔泰利纳河谷地区属于瑞士的一个自治州。事件发生之前，这个地区的居民以天主教为主，他们因信仰问题遭到压制。这是大屠杀事件的发生背景。瓦尔泰利纳河谷位于热那亚通往维也纳的大路上。对于“三十年战争”交战方之一的西班牙来说，这是一个不可或缺的军事要冲。

为了确保军事要道，西班牙与米兰公国组成联军，在瓦尔泰利纳河谷地区与法国、威尼斯、萨沃亚公国的联军形成军事对峙。此后六年，战争在瓦尔泰利纳河谷地区断断续续地进行着。最终，法国与西班牙以维持现状的形式达成了妥协，争夺瓦尔泰利纳河谷的战争也得以终结。

然而，未及喘息，下一场战争的火种又被点燃了。这场战争即“曼托瓦公位继承战争（1627—1631 年）”。当时的曼托瓦公爵兼蒙费拉托公爵没有留下男性子嗣便撒手人寰。他死后，事先被指定为继承人的贡扎加·讷韦尔家族（曼托瓦公爵贡扎加家族的一个支脉，当时居住在法国）的卡尔洛继承了两个公国的公爵之位。

但是，对蒙费拉托公国领土虎视眈眈的萨沃亚公国介入了这两个公国的继承事务。为了阻止法国势力在意大利北部地区的扩大，西班牙也采取了与萨沃亚公国步调一致的做法。与西班牙王室同为哈布斯堡家族成员的神圣罗马帝国皇帝也派兵入侵了曼托瓦公国。神圣罗马帝国的军队在曼托瓦城里大肆杀戮、疯狂掠夺。不过此时，瑞典国王古斯塔夫·阿道夫亲自率军攻入德意志境内，百般无奈的皇帝只得从北意大利撤军。最终，卡尔洛继承了蒙费拉托公位，这场公位继承战争也宣告结束。

后来，法国引诱萨沃亚公国、曼托瓦公国、帕尔马公国构建针对西班牙统治下的米兰公国的包围网。但是，由于萨沃亚公国出现内乱等原因，法国的企图未能顺利实现。1648年，法国内部也发生了一场被称为“投石党之乱”的起义，法国不得不处理其国内的问题。17世纪40年代以后，西班牙也被葡萄牙、加泰罗尼亚、那不勒斯等地发生的叛乱所困扰。关于那不勒斯的叛乱，我们后面将会进行讲述。

17世纪中叶，法国与西班牙、奥地利在意大利的争斗以平局终结。

南意大利的暴动

三十年战争主要波及意大利北部地区，但南意大利与这场战争并非毫无关系。受西班牙统治的那不勒斯王国、西西里王国不断被西班牙索要兵员与军费，背上了苛刻而沉重的负担。

那不勒斯王国当时由西班牙国王派出的副王统治，大多数副王的任期都不是很长。但 16 世纪中叶的彼得·德·托雷德是个例外，他在那不勒斯统治了 21 年（1532—1553 年）。在其统治期间，那不勒斯开展了大规模的城市建设，中心街区“西班牙区”的开发、托雷德大街的修建等都是他任内的手笔。17 世纪初，那不勒斯已经拥有 28 万人口，成为意大利最大的城市。在半岛南部，普利亚的中心城市巴里是人口数仅次于那不勒斯的城市，但巴里的人口仅有两万。由此可见，那不勒斯在南意大利的地位有多突出。

16 世纪以后，那不勒斯出现了领内地方贵族向城里移居的显著倾向。与此同时，商人、工匠的人数急剧增长。另外，周边农村地区的大量贫困农民也涌入那不勒斯城，他们逐渐形成了一个被称为“贫民”的社会阶层。贵族、上层市民、底层民众共同生活在那不勒斯狭窄的街区之中。那不勒斯由此形成了独特的城市社会，这也是那不勒斯的一大特

那不勒斯托雷德大街

征，常被揶揄为“恶魔居住的天国”。

1647 年，那不勒斯爆发了一场大规模暴动。暴动起因于当局推出的一系列增税政策。为了给西班牙筹措用于三十年战争的军费，那不勒斯当局不断增税。引起民愤的是那不勒斯当局巧设名目对食品也征收间接税，还提高了新征收的食品税的税率。1647 年 7 月，当局新征水果税。对此极度不满的那不勒斯民众终于揭竿而起，暴动正式爆发。领导这场暴动的是做卖鱼生意的马萨尼埃洛（托马索·阿尼埃洛）。因此，这场暴动也被称为“马萨尼埃洛之乱”。

暴动发生后不久，马萨尼埃洛遭到暗杀。但暴动得到了商人、工匠的支持，规模越来越大。1647 年 10 月，蜂起的民众宣布在那不勒斯建立共和政体。虽然这场暴动在第二年就被西班牙军队镇压，但一介小生意人所领导的暴动竟然能建立起共和政体，这给那不勒斯的民众留下了极其深刻的印象。

西西里王国当时也由西班牙派出的副王统治，不过西西里的主要行政官职由西西里人担任，这是西西里与那不勒斯的不同之处。这一不同之处，既是西西里贵族与西班牙贵族日渐融合的证据，也表明了西西里人有着较强的自治意识。

西西里王国拥有一定人口规模的城市并不止一个，这是西西里王国与那不勒斯王国又一个不同的特征。17 世纪初的西西里王国，人口超过十万的城市有两个，即西部的巴勒莫和东部的墨西拿，巴勒莫与墨西拿都是海港城市。巴勒莫与西部的农业，特别是谷物生产有着密切的利害关系；而墨西拿则与东部以生丝生产产业为代表的工商业有着密切的利害关系。

1647 年，西西里也发生了一场以巴勒莫为中心的暴动。暴动的起因同样是苛重的税收负担。暴动发生后，副王与贵族逃离了城市。权力虽然出现了空档，但西西里并没有出现一个能够填补权力空白的稳定势力。所以，西西里的暴动很快便遭到了镇压。

第6讲

从巴洛克到启蒙改革

贝尼尼设计的圣伯多禄大教堂广场

1633年	伽利略・伽利雷，在异端审判中被判决有罪
1701年	西班牙王位继承战争（—1714年）
1706年	法国军队入侵萨沃亚公国，苏佩尔加攻防战争爆发
1713年	根据《乌得勒支条约》，萨沃亚获得西西里王国王位
1720年	根据《海牙条约》，奥地利获得西西里岛领有权，萨沃亚家族获得撒丁王国王位
1733年	波兰王位继承战争（—1735年）
1737年	美第奇家族子嗣断绝。洛林公爵弗朗茨・斯蒂芬获得托斯卡纳大公之位
1738年	根据《维也纳条约》，那不勒斯王国与西西里王国归属西班牙波旁家族统治
1754年	那不勒斯大学开设“经济学”系
1763年	那不勒斯王国发生大饥荒（—1764年）
1764年	贝卡里亚匿名出版《论犯罪与刑罚》
1768年	热那亚共和国将科西嘉岛卖给法国
1786年	托斯卡纳大公国制定《新刑法典》，废除死刑与拷问

最近啊，友情完全沦为了一个放在嘴边说说的东西了。……友情，是这个世界上最为神圣的定律。它是自然产生的法则，是治平天下的法则。如果这个法则遭到破坏，如果它不再能发挥任何作用，那么所有的事物都将会颠倒错乱。

——卡尔洛·哥尔多尼，《威尼斯的双生子》，《哥尔多尼剧场》

1 巴洛克时代与巴洛克文化

巴洛克文化

整个 17 世纪，意大利诸国都面临着巨大的政治、经济、社会危机。即便如此，在文化上，意大利仍然是先进艺术、先进学术的发源地。这个时代，一个新的艺术潮流在罗马诞生。今天，我们把这个艺术潮流叫作“巴洛克”。

“巴洛克”一词源自葡萄牙语单词“巴洛科（barroco）”，其原意是“扁瘪的珍珠”。“巴洛克”原本也是一个极具否定语感的词汇。与清新协调的文艺复兴艺术风格不同，巴洛克风格充斥着夸张而过剩的修饰，在很长一段时期里，这一艺术样式也被视为一种低级趣味而遭到贬抑。

但是，绘画、雕刻也好，建筑、音乐也好，与夸张的外在观感相反，巴洛克风格的作品几乎都是在严密合理的计算的基础上创作出来的。越靠近作品观察，就越能发现并认识到这一点。巴洛克艺术凭借着高度洗练的创作手法，让各种奇思妙想展现得淋漓尽致。

巴洛克文化的最大“文化赞助人”是教皇与高级神职人员。在巴洛克文化开始绚烂绽放的17世纪前期，不少罗马大贵族出身的教皇相继即位。比如，博尔盖塞家族出身的保罗五世（1605—1621年在位）、巴尔内里尼家族出身的乌尔班八世（1623—1644年在位）、庞菲利家族出身的英诺森十世（1644—1655年在位）、基吉家族出身的亚历山大七世（1655—1667年在位）。这些贵族家系大多起源于托斯卡纳与翁布里亚等意大利中部地区。17世纪前期，这些豪门世家就像竞赛一般，争先恐后地在罗马的城里关外修建起巴洛克式样的壮丽宅邸与豪华别墅。

巴洛克的艺术家

文艺复兴的全盛时期，佛罗伦萨的艺术家大多来自佛罗伦萨本地或其附近地区。与此不同，在巴洛克文化的中心罗马，创造出巴洛克文化的艺术家几乎都来自外地。比如，早期巴洛克文化的代表人物，画家卡拉瓦乔（1571—1610年）就出生于米兰的近郊。当时的罗马，为了迎接“圣年”——

《洛雷托的圣母》（卡拉瓦乔作）

1600年的到来，出现了一波修建建筑的高潮。绘画的需求量也因此激增。卡拉瓦乔就是在这样的情况下来到罗马的。

卡拉瓦乔的画风十分严谨缜密。关于他的画，甚至还有着这样一段趣闻：他在一幅画里，画了不少民众的身姿。很多人在看了画中人物的姿态之后，都觉得“这幅画如同一面镜子，映照着他们自己”。但是，这位画家画风严谨缜密，为人简单粗暴。他在罗马犯下一桩命案，随后逃出罗马。逃亡中的卡拉瓦乔在意大利半岛的南部、马耳他、西西里等地流浪。因此，他也给这些地区的画家们带来了很大的影响。这些地方甚至还出现了一股“卡拉瓦乔之风”。即便如此，他仍然深深地眷恋着罗马，并希望有一天能够回到罗马。他的这段轶事奇闻也表明：对当时的艺术家来说，罗马是一座多么富有魅力的城市。

在众多的巴洛克艺术家中，罗马本地人十分稀少，但也有一位能勉勉强强称得上“本地人”的艺术家。他就是出生于那不勒斯，但在罗马长大的乔凡尼·洛伦佐·贝尼尼（1598—1680年）。有着“米开朗基罗再世”美誉的他，十几岁就已经是一名颇有名气的雕刻家了。后来，他得到乌尔班八世、亚历山大七世等教皇的青睐，亲手设计了圣伯多禄大教堂内部的华盖与大教堂门前的广场。在艺术的海洋之中，乔凡尼·洛伦佐·贝尼尼纵横无边地徜徉着，全面发挥着才华，成了一名综合型艺术大家。

贝尼尼创作的人物雕像，即使是教堂里的摆设，也总能在雕像的某个地方显露说不清道不明的妖媚冶艳。他用了240根圆柱，将圣伯多禄广场围成一个类椭圆的形状，使其产生了魔术一般的假景效果。这种堪称魔幻的奇思妙想，仿佛贝尼尼本人就是巴洛克精神的化身。

在音乐领域，巴洛克风格也划出了一个新时代。与文艺复兴时期注重调和的作曲风格相反，这一时期出现了很多注重给听众带来欢乐的“即兴性”与“技巧性”作品。值得一提的是，这一时期还出现了一种以音乐为核心的综合性舞台艺术——歌剧。歌剧的兴盛是这个时代的一个显著特征。17世纪前期，以威尼斯修建的最早的商业性歌剧院为开端，意大利各地的城市先后修建了歌剧院。众多优秀的作曲家、歌唱家、乐器演奏家走上了歌剧的舞台。意大利的艺术家也常常受到欧洲其他国家的宫廷和贵族的邀请。于是，他们将巴洛克风格的音乐推广、传播到了意大利以外的地方。

科学革命与意大利

17 世纪的欧洲，科学革命如火如荼。其最大的特征是以数学的方法解释自然世界的运行，以实验与观察的手段来发现世界的真理。虽然这些方法与手段早已存在，但是现在它们作为理解自然的学问，逐渐体系化与综合化。

近代科学诞生的过程中，意大利诸国的学者也发挥了重要的作用。其中，伽利略·伽利雷（1564—1642 年）就是一位值得大书特书的人物。

伽利略出生于托斯卡纳大公国，曾担任比萨大学的数学教授。他在很年轻的时候就具备了数学的素养。“斜塔落体实验”，举世皆知，但这很有可能并不是真实发生过的事。后来，伽利略来到威尼斯共和国的帕多瓦。在这里，他接触到了自由的学术风气。此后，他的才能不断展现出来。他制作望远镜进行天体观测，发现了月球的表面并不是光滑的，也发现了木星拥有四颗卫星，让欧洲人知道了木星卫星的存在。

之后，伽利略提出“自然界所有表征都可以用数学表达”的主张。但这一主张逐渐招致以耶稣会士为首的许多学者与他对立。1633 年，在异端审判会上，伽利略不得不放弃自己提出的“地动说”。

需要指出的是，把伽利略与耶稣会士们的对立，看作“近代科学之父”与冥顽不化的守旧宗教人士之间的对立的观点并不准确。虽然受教义的制约，但天主教神职人员中，也存在不少基于数学思考和实验观察来理解各种自然表征的人。耶稣会其实十分重视数学教育，让伽利略陷入异端审判窘境的很可能是他的性格。伽利略是一个自信过剩的人，而过剩的自信又使他的言语具有攻击性。他与教皇乌尔班八世交情颇深，因此过度相信教皇能永远庇护他，为人处事十分乖张。

伽利略不得已向教会承认“地动说”是异端学说。但之后，以观察为基础的天文学在意大利呈现出向前发展的态势。耶稣会士乔万尼·巴提斯塔·里奇奥利使用望远镜对月球进行了观测。基于观测，他制作了一幅月面图。热那亚共和国出身，在法国从事研究的乔万尼·多梅尼科·卡西尼对地球的经度进行了精密的测定，并发现了土星的四颗卫星。

后来，自然科学研究的中心逐渐向欧洲北方移动。但重视实验和观察的自然科学传统在意大利得到了继承。如 18

世纪后期，路易吉·加尔瓦尼提出了“动物电力理论”。但同时期的意大利科学家亚历山德罗·波尔塔则提出了否定的观点，他通过实验证明，只有金属才能引发电流。

❷ 经济结构的转变

危机的时代与人口动态

17 世纪的欧洲，战争接连不断，而寒冷的气候又导致粮食接连歉收。不仅如此，瘟疫也曾多次肆虐这片大陆。在这些灾难的交错重叠之下，欧洲陷入了巨大的危机。大多数地区，人口数量不是停滞，就是减少。

意大利诸国也无一例外。关于 15 世纪以前的人口动态，我们在第 4 讲中做过介绍。16 世纪，意大利的人口数从 900 万激增至 1350 万。但在 17 世纪中期，人口数又急剧减少至 1100 万左右。

17 世纪中前期，瘟疫在意大利各处肆虐。1630—1631 年，鼠疫在以威尼斯、博洛尼亚等中北部城市为中心的地带大流行。鼠疫之祸结束后，为了向神表示感谢，威尼斯修建了安康圣母大教堂。1656—1657 年，热那亚、那不勒斯乃至于整个意大利再一次爆发鼠疫。通常只容易在战争时期扩散的斑疹伤寒，也在 1620 年、1648 年等年度爆发。

17 世纪，欧洲的经济结构开始转变。16 世纪的大西洋贸易及经好望角的印度洋贸易的出现，仅仅起到促进地中海贸易发展的作用。但是，进入 17 世纪后，地中海贸易的比重明显下降。在安特卫普、阿姆斯特丹等大西洋或北海沿线的港口城市迅猛发展的同时，威尼斯也失去了东方贸易的垄断地位。意大利各城市生产的高品质纺织品，也因价格高昂，失去了国际竞争力。在制造业也日益衰退的情况下，意大利诸国的经济越来越依赖金融、保险等服务业。另外，其对农业的依赖性也日渐增强。

进入 18 世纪，欧洲的人口逐渐增加。18 世纪后期，人口爆炸性增长。人口增长的直接原因是农村结婚年龄下降。意大利诸国也呈现出同样的趋势，其人口数从 1750 年的 1530 万迅速增至 1800 年的 1780 万。

但是，意大利的人口增长率仍然低于很多欧洲其他国家。一方面是因为意大利原本就是人口密度相对较高的地区，另一方面是因为受到地理和自然环境的制约，意大利很难像西北欧国家那样受到农业革命的惠及。在西北欧国家，农业革命使粮食产量飞跃性增加。在欧洲经济整体增长的局面下，意大利诸国在18世纪后期也实现了经济总量增长。但是，与人口增长的情况一样，意大利的经济增长率也低于英、法等很多其他欧洲国家。因为进口额常常大于出口额，意大利在欧洲的经济地位也相对地越来越低。与此同时，贵族和上层市民所关心的并不是出口型商品的生产，他们关心的重点越来越向如何经营农业倾斜。

近年的研究指出，这一时期的意大利仍然存在一些具有国际竞争力的商品，如丝绸纺织品。基于这样的研究结论，学界也产生了“不宜过度强调此时意大利经济的中心已从制造业转为农业”的论点。这一论点虽然有值得肯定之处，但意大利诸国在整体上出现了向农业经济转型的倾向仍然是一个不可否认的事实。

农村经济面貌的变化

17—18世纪，意大利城市地区的丝绸纺织品、家具、玻璃制品等奢侈品生产仍得以维持，但毛纺织行业因失去国际竞争力而逐渐衰退。不少纺纱厂、织布厂在农村地区开办。在农村地区开办工厂，既可以逃脱城市中行会的控制，也可以获得大量廉价劳动力。这一现象在米兰公国和威尼斯共和国尤为明显。意大利的农村工业在这一时期崛起。最近的学界研究把这一阶段农村工业的发展称为“原初工业化”[1]。19世纪，这些出现“原初工业化”的地区中，有一部分发展成为意大利的产业革命中心。

18世纪，农业领域的地区差异变得更加显著，而在这一时期形成的意大利农业的特征一直延续到20世纪。

北意大利的波河中下游地区，出现了灌溉水网环绕的大规模农场。农场主以出租土地给承租人耕种的方式经营农场。水稻、玉米等新农作物开始在这里被广泛种植栽培，在农业革命影响下出现的农业新技术，也在这里得到了应用。特别是米兰公国，还出现了生产效率高、被称为“卡西诺”的大农场。这些大农场既种植农作物，也生产奶产品。在卡西诺耕作的农民也因雇佣形式的不同而分化，他们中有些人成为在农场居住的长期雇佣农，有些人仍然以“短工日结”的形式受雇于农场。“短工日结”的农民大多是居住在农场附近的人。

在托斯卡纳大公国等意大利中部地区，大地主将其土地分给以家族为单位的农民耕种。这种土地经营形式叫作“折

1　原初工业化（proto-Industrialization），又译为“原工业化”“原始工业化”，由富兰克林·门德尔斯提出，指“主要是一种农村制造业的扩张”，这种制造业的绝大部分劳动力由有地的农民和无地的农业劳动者组成。——编者注

半小作制”[1]。“折半小作制”是意大利中部地区普遍采用的农业经营模式。意大利中部多为丘陵地带，因此难以形成类似于北部波河平原的大农场。这一地区，用于耕种的土地大多是丘陵的斜面，人们采用混合栽培谷物、橄榄或葡萄的种植方式。以家族为单位，在比较狭小的土地上集中耕作是这一地区的主要耕作模式。

在南意大利，土地也都被集中在大地主阶层手中。受自然环境限制，农业革命的成果很难惠及这里。因此，这一地区仍然沿用着极其粗放的农业生产技术，所栽培的农作物以谷物为主。农民大多聚居在水源充足、治安较好的安全地带。因此，南意大利地区形成了一种被称为城市也不算过分的大型村落。这些村落一般都远离农场，农民只能在村落与农场之间往来奔波。

同时，在南意大利，橄榄、葡萄、柑橘类的产量越来越高。这些农产品主要产自城市周围的平原地带。橄榄油、柑橘、柠檬也逐渐成为这一地区的主要出口商品。当时，英国海军经常需要远洋航行，为了预防因维生素不足而引起的坏血病，他们从西西里进口了大量的柑橘类商品。另外，在英国产业革命发展的过程中，橄榄油也发挥过一定的作用。橄

1　折半小作制（意：mezzadria），属于土地租赁制度的一种。

榄油不仅可以作为生产肥皂的原料，还可以用作齿轮上的润滑油，被视为十分珍贵的商品。南意大利的农业在英国的产业革命发展中受益匪浅，其农产品也为“大英帝国的荣光”提供了一份支持。

③ 三场“继承战争”与意大利

萨沃亚公国势力的抬升

17 世纪后期的地中海世界，迎来了政治生态转型期。东方大国奥斯曼帝国从威尼斯手中夺取克里特岛之后，其版图达到了顶峰。但是，奥斯曼帝国在第二次维也纳围城战中失败后，又接连输掉了数场战争。结果，奥斯曼帝国不仅丢掉了匈牙利，其势力也开始大幅衰减。与此同时，西欧大国西班牙也失去了往日的辉煌。此时的西班牙，不仅国内经济持续凋敝，加泰罗尼亚的叛乱、西荷战争也让其疲于应对、苦恼不堪。而路易十四统治下的法国却实力大增，把西班牙远远地甩在了身后。法国将哈布斯堡家族统治的西班牙和奥地利视为主要敌人，数次与其发生战争。

在法国与哈布斯堡家族对抗的夹缝中，萨沃亚公国的实力日渐增强，成了意大利地区众多国家中一个较为强大的国家。

19 世纪，意大利实现了统一，编制其的王室正是萨沃亚公国的公爵家族——萨沃亚家族。最初，萨沃亚[1]家族只是阿尔卑斯的地方贵族，领地狭小。但在 11 世纪前期，翁贝托一世从神圣罗马帝国皇帝那里获得了萨沃亚伯爵的封号。其后，萨沃亚家族的每一代都热衷于扩张领地。14 世纪，阿梅迪奥七世获得了尼斯的土地，从日内瓦湖一直延伸到地中海的区域，都成了萨沃亚家族的领地。领地的扩大，也使得阿梅迪奥七世的继任君主阿梅迪奥八世获得了萨沃亚公爵爵位。

在 16 世纪前期的意大利战争中，萨沃亚公国的大部分领地遭法国占领。但依据《卡托·康布雷西和约》，萨沃亚公国的领地又得以恢复。之后，萨沃亚公国的首都从尚贝里（今属法国）迁到都灵，萨沃亚公国的国力也进一步得到增强。

17 世纪初，卡尔洛·埃马努埃莱一世介入位于萨沃亚公国东南方的邻国蒙费拉托公国的公位继承问题。为此，萨沃亚公国与西班牙一战。被西班牙打败的萨沃亚公国又与法

1　萨沃亚为意大利语，写作Savoia。英语写作Savoy，译作萨伏依。

国、威尼斯联手，继续与西班牙交战。不过，战争还在进行，法西两国就绕过萨沃亚公国直接签订了和约。

但是，蒙费拉托公国的公位继承问题并没有终结，战争再次爆发。这一次，萨沃亚公国选择与西班牙联手对抗法国。结果，公国领土的一大半都被法国占领。陷入窘境的萨沃亚公国只得背弃西班牙，重新加入法国阵营，转而与西班牙交战。中小国家为了在大国的夹缝中生存，不得不想尽一切办法。不过，经过这一系列的战争，萨沃亚公国最终还是成功获得了蒙费拉托公国的部分领地。

西班牙王位继承战争

1700 年，没有留下任何子嗣的西班牙国王突然去世，王位被波旁家族的人继承。哈布斯堡家族的人未能继承王位，奥地利、英国（英格兰）、荷兰等国对此极为不满，他们认为波旁家族继承西班牙王位意味着法国势力的膨胀。于是，他们结成同盟，向法国开战。当时，北意大利一些地方处于西班牙的统治之下，因此，这些地方也被卷入这场纷争，成为双方激战的舞台。

战争爆发之初，萨沃亚公国加入法国与西班牙的联合阵营，但很快又倒向奥地利，转而与法国交战。蒙费拉托公国

苏佩尔加圣殿（都灵近郊）

公位继承战争的场景再现。1706 年，攻势猛烈的法军攻至都灵近郊。在苏佩尔加山攻防战中，萨沃亚军队以顽强的意志顶住了法军的进攻，最终击败法军。此后不久，萨沃亚家族从西西里聘请了建筑家菲利波·尤瓦拉，在这座挽救家族命运于危难之中的山上建立了一座大教堂[1]。后来，萨沃亚家族的历代君主都被埋葬于此。

法国的败退，为奥地利在意大利的统治敞开了大门。1707 年，奥地利占领了米兰和曼托瓦。后来，奥地利又从西班牙手中夺得那不勒斯王国。通过 1713 年缔结的《乌得勒支条约》，奥地利又取得了米兰公国、那不勒斯王国以及

1　即苏佩尔加圣殿。——编者注

撒丁王国的所有权。同时，在战争中立下功劳的萨沃亚公国也获得了西西里王国的所有权。就这样，萨沃亚公爵终于以兼任西西里国王的形式获得了萨沃亚家族盼望已久的国王之位。

但是，萨沃亚家族还没高兴多久，事态就发生了变化——在意大利失去立足点的西班牙国王腓力五世远征撒丁岛和西西里岛。不过，不仅是奥地利和英国，就连法国也干涉了西班牙的政事与战争。无可奈何的西班牙只得退兵。

为了彻底打消西班牙企图占有西西里的念想，奥地利产生了将西西里置于自己统治之下的想法。1720 年，《海牙条约》约定将西西里岛交于哈布斯堡家族统治，撒丁岛则归萨沃亚家族所有，萨沃亚家族的历代首领也便成了撒丁国王。不过，萨沃亚家族的统治基础仍然在都灵和皮埃蒙特地区。

波兰王位继承战争与奥地利王位继承战争

1733 年，波兰出现王位继承问题。以此为开端，整个欧洲再次陷入大规模战争，即波兰王位继承战争。为了对抗奥地利，法国与西班牙、撒丁王国联盟。当时，西西里王国、那不勒斯王国是在哈布斯堡家族统治下的奥地利领地。于是，西班牙国王腓力五世便率军攻占了这两个王国。随后，腓力五世又将这两个王国的王位授予其子卡尔洛（即卡尔洛七世）。此后，西西里王国与那不勒斯王国再一次被西班牙统治。西班牙在南意大利的统治也得以恢复。不过，此时的西班牙王室已经从哈布斯堡家族变成了波旁家族。

波旁家族在南意大利的统治与西班牙过去在此地的统治有两点不同。第一，过去的西班牙国王直接兼任南意大利这两个王国的国王，实际统治南意大利的“副王”也由西班牙国王派出。卡尔洛七世以后，南意大利与西班牙本土分离。南意大利国王驻跸于此，直接实施统治。第二，过去那不勒斯与西西里是两个独立国家。但卡洛斯七世以后，统治这两个国家的国王大多驻跸于那不勒斯，使得那不勒斯的地位显得比西西里更高，而这种状况也促使西西里产生了谋求独立和自治运动的想法。

1740 年，神圣罗马帝国皇帝查理六世去世。在查理六世的女儿玛利亚·特蕾西亚是否能继承皇位的问题上，欧洲大国发生了纠纷，而这一纠纷也发展成了一场战争——奥地利王位继承战争——北意大利成了主战场之一。米兰公国甚至还遭到了西法联军的短暂占领。法国原本希望通过这次战争扩张势力版图，但它的企图与计划挫败了。除在波兰王位继承战争之后才服从哈布斯堡家族的帕尔马公国落入法国之手外，奥地利王位继承战争并未给意大利的势力版图带来太大的变化。

1737 年，在两场王位继承战争之间，托斯卡纳大公吉安·加斯托内去世。据说他晚年时，一天当中有大半时间都是在床上度过的。吉安·加斯托内无儿无女，他的死也被视为美第奇家族统治正式结束的标志。根据事先做好的决定，他留下来的大公之位被玛利亚·特蕾西亚的丈夫——洛林公爵弗朗茨·斯蒂芬继承。吉安·加斯托内死后，托斯卡纳大公国实际上成为哈布斯堡家族的领地。

18 世纪中叶，米兰公国、曼托瓦公国、托斯卡纳大公国等意大利中北部的大部分地区都以直接统治或间接统治的方式被纳入奥地利的统治。此时，南意大利（那不勒斯王国、西西里王国）仍处于波旁家族统治下的西班牙的支配之下。整个意大利，尚未被外来统治者统治的地方，仅有撒丁王国、教皇国以及威尼斯与热那亚两个共和国。由于 18 世纪后期并未发生较大的战争，这样的形势一直维持到了拿破仑战争时期。

4 意大利的启蒙改革

启蒙思想的萌芽

天主教的反宗教改革活动为教会注入了新的活力，不仅将传教的范围扩展到全世界，而且在信仰的内化方面，教会也取得了一些成果。过去，虽然有不少人名义上是教徒，但是他们对天主教信仰的教义并不理解。而此时，教会利用《教理问答集》引导教徒，使信仰内化于心。

天主教会实力大增后，严格禁止或取缔未能获得正统认证的教义解释和宗教典仪。异端审判就是这一禁令的典型象征。此外，教皇与教廷还加强了对神职人员的管理，“封圣”[1]

1 天主教内的专有名词，指经过一定的调查核实后，由教宗颁发谕令，宣布将某一或某些已故天主教徒的名字列入“圣人名册”，同时要求天主教徒将其作为楷模而礼之。——编者注的大权也被集中到教皇手中。在反宗教改革的漩涡中组建起来的耶稣会等修道会，从侧面支持了教廷的一系列举措，他们也由此成为拥护教皇与教廷各项方针的既得利益者。

进入 18 世纪，社会上开始出现批判这种情况的思潮。虽说是“批判”，但批判的矛头并没有对准天主教信仰本身。这一思潮的主要诉求是将世俗的权力（王权）与教会的权力（教权）进行分离，并在此基础上明确划分出二者的功能和权限。后被称为开明的“国权主义”。这是一种希望皇帝权力优越于教会权力的思想。这一时期，哈布斯堡家族在意大利的影响力日益增强。而“国权主义”的思想也正是在哈布斯堡家族权势扩大的背景下萌生的。

意大利国权主义思潮的代表人物是彼埃特罗·詹农（1676—1748 年）。他是一名出生于南意大利，曾在那不勒斯专研学术、积累学问的知识分子。詹农的著作《那不勒斯王国文明史》猛烈地批判了教会介入世俗权力，为教会所不容。因此，詹农被逐出了那不勒斯。离开那不勒斯的詹农流亡到维也纳，他曾尝试返回故土，但未能如愿。后来，詹农又来到了意大利北部地区，在很多城市之间流浪。不久，詹农在撒丁王国被逮捕。经过 12 年的牢狱生活，詹农死于狱中。这是一个哪怕只是提出主张，也会给自己招来杀身之祸的时代。

摩德纳公国出身的神职人员鲁多维科·安东尼奥·穆拉托里（1672—1750 年）和詹农的思想相似，但他行事更为稳健，以一种更巧妙的方式表达自己的政见。穆拉托里整理出版了关于意大利中世纪历史的庞大史料集，他的著作《意大利年代记》正是在这部史料集的基础上写成的。《意大利年代记》被视为实证主义历史研究的重要奠基之作。时至今日，这部著作在学界仍享有很高的评价。当然，这本书同时也是一部对教权与皇权斗争的历史进行尖锐批判的著作。不仅如此，穆拉托里还写了一部呼吁君主进行社会改革的著作——《论公共福祉》。在这部作品中，穆拉托里对社会改革的必要性进行了论述，而“公共福祉”也逐渐成为意大利在启蒙时代的重要口号。

当时，笛卡尔提出的机械主义自然观席卷了整个欧洲思想界。不过，一直在那不勒斯执笔创作的詹巴蒂斯塔·维科（1668—1744 年）对此提出了异议。维科认为，自然是神所创造的，人无法理解；人仅能理解人所创造的，而人所创造的唯有历史。

维科在其主要论著《新科学》中，对人类富有诗性的想象力给予了高度重视，他认为诗性的想象力在人类创造历史时发挥了非常重要的作用。书中，他还构想了一种由历史与语言共同构成的新学问——人类学。在当时，维科思想的影响力比不过同时代的笛卡尔，但近代主义开始出现停滞与僵化之后，他的思想又再一次受到了广泛关注。

那不勒斯与米兰的启蒙思想

18 世纪前期，接连发生的数次战争让意大利各国的军费开支大大增加，国库收支状况也因此急剧恶化，人口的增长又导致了粮食需求问题出现。民众的反抗行动也因此频频发生。奥地利王位继承战争结束之后，意大利终于迎来了一个相对平稳的时期。在这种比较安定的状态下，国家应如何运营？这个问题成为意大利诸国都不得不面对的重要课题。在以法国为代表的其他欧洲国家的影响下，意大利诸国出现了以“公共福祉”为关键词的独特启蒙思想。这一思想动向的主舞台就在那不勒斯和米兰。

那不勒斯启蒙思想的代表人物是安东尼奥·杰诺韦西（1713—1769 年）。1754 年，杰诺韦西在那不勒斯大学开设了“经济学”课程。即便是放到整个欧洲，这也是最早开设的经济学课程之一。杰诺韦西对基于自然法的所有权的不可侵犯性给予了重视，并在此基础上对封建大土地所有制进行了批判。但是，他的批判并不是那么严苛。

杰诺韦西构想了一种可以取代封建制度的新社会秩序，

这个秩序就是以自由交换为基础的商业社会。杰诺韦西把《伟大的征服之路已被封锁之情况下，现代诸君主国、诸共和国的精神唯在于商业之精神》一文写进了自己的主要论著《商业，即市民经济学讲义》之中。这篇论文正是他所主张的新秩序的宣言。同样在那不勒斯，受到杰诺韦西思想熏陶的朱塞佩·马里阿·格朗提、弗朗切斯科·马里奥·帕加诺等人也逐步构建出自己的理论。

与政治上受教皇影响较大的那不勒斯不同，米兰当时处于奥地利的控制之下。因此，在米兰的知识分子中，国权主义扎下了思想之根。18 世纪 60 年代，米兰出现了一个以青年群体为中心，名为“拳头社”的小团体。他们通过自己发行的杂志《伊尔·咖啡》（意为咖啡馆），宣扬利用启蒙思想进行社会改革的必要性。

这个小团体的核心人物是贵族出身的彼得罗·韦里（1728—1797 年）。他论述：“构成社会的每一个人的安宁，是社会契约的目的所在；而所谓公共福祉也正是每一个人的安宁。”他还说到，为了实现公共福祉，知识分子有必要从事维护社会秩序的活动。1765 年，在维也纳政府的帮助下，韦里当上了设置在米兰的最高经济协议会的委员。此后，他便利用这个身份，以实际行动践行启蒙改革。在意大利诸国，启蒙思想家中绝大多数人都肩挑着实际事务，他们要么具有公务吏僚的身份，要么具有政客官员的身份。

切萨雷·贝卡里亚

在米兰的启蒙思想家中，切萨雷·贝卡里亚（1738—1794年）是最为光彩夺目的人物。他因其著作《论犯罪与刑罚》（1764年）声名大噪。在这本著作中，他从“最大多数人的最大幸福”的观点出发，认为对法律应予以批判性的理解。基于这样的原则，贝卡里亚提出了罪刑法定、推定无罪、审讯中禁止拷问等主张。

值得一提的是，贝卡里亚提倡废除死刑制度。贝卡里亚十分果断地说：“决定在社会上施害的人，绝不会因为害怕极刑而将其想要实施的侵害行为停止于想法阶段。”贝卡里亚在这本书中阐述的思想，给整个欧洲都带来了巨大的影响。

米兰公国与那不勒斯王国的启蒙改革

在18世纪末短暂的稳定时期中，与其他受启蒙思想影响而实施改革的很多欧洲国家一样，意大利地区的很多国家也开展了自己的启蒙改革。不同国家的改革方式虽然多种多样，但也有着一些共通的特征，如对封建领主和教会的既得利益进行限制的制度改革，以粮食增产为目的推行的土地制度改革与改良。

特别是在限制教会与修道院特权方面，改革堪称大刀阔斧，成效显著。造成土地向教会、修道院流转与集中的永久管业权制度被废止。同时，教会与修道院的免税特权也被废除。与同时期的法国、西班牙、葡萄牙一样，意大利很多地方也先后对耶稣会进行了肃清。事态的发展，甚至让教廷不得不在 1773 年下达解散耶稣会的命令。

在奥地利君主玛利亚·特蕾西亚及其后继者约瑟夫二世的指示下，米兰公国的改革得以推进。米兰的改革是从制作土地台账开始的，主导这项工作的是从托斯卡纳聘请的实干家蓬佩奥·内利。土地台账编制完成后，米兰在此基础上废除了基于特权的免税政策。这项举措打击了农村的旧统治阶层，也让土地聚拢到新兴上层——资产阶级的手中。新兴的资产阶级吸收了农业革命的成果，他们引入新的耕作方式，经营“奶产品畜牧业”。农产品的产出量得以提升。

除此之外，米兰还设置了一个直属于宰相的机构，负责加强米兰与维也纳政府的联系，制定有利于新兴农场主阶层的地方自治制度等改革行政制度。为扩大首都米兰的规模，米兰公国还修建了以斯卡拉歌剧院为代表的豪华建筑。这一系列的改革，让米兰公国呈现出近代城市的雏形。

在那不勒斯王国，国王卡尔洛七世起用托斯卡纳出身的、主张国权主义的法学家贝尔纳尔德·塔努奇，让其出任司法部长。塔努奇以限制封建领主与教会特权为目标，着手改革行政与司法制度。塔努奇试图像米兰公国那样从制作土地台账开始开展税制改革，但是，在那不勒斯的贵族与教会的强力抵制之下，他的改革遭遇了挫折。

不过，在年幼的费尔迪南德四世即位后，塔努奇以辅政大臣的身份再次受到宫廷重用，还当上了宰相。1763—1764年，那不勒斯王国遭遇大饥荒。值此之际，塔努奇从封建领主集团手中夺回了粮食调配委员会的权力。紧接着，他又对耶稣会士进行了肃清。塔努奇把从修道院没收来的土地分给农民。就在塔努奇的改革即将步入正轨之时，刚成年的国王与哈布斯堡家族出身的王后玛利亚·卡洛琳（法国国王路易十六王后玛丽·安托瓦内特排行紧挨着的姐姐）闹不和，而塔努奇也被罢免。

在他之后担任宰相的是王后的宠臣——出生于法国的爱尔兰裔海军军官约翰·阿克顿。他既不受贵族集团的待见，也得不到民众的支持。但即便如此，在 1783 年发生的卡拉布里亚大地震给王国带来巨大损失之际，阿克顿还是迅速实施了灾后复兴政策，后来这些政策也带来了农业的振兴。

托斯卡纳大公国的利奥波德改革

洛林公爵弗朗茨·斯蒂芬在成为托斯卡纳大公之后，将大公国的政治事务交给了自己委派的摄政官们管理。他与妻子玛利亚·特蕾西亚仅在1739年即大公位之初去过一次佛罗伦萨。斯蒂芬去世之后，他的儿子彼得罗·利奥波德（1765—1790年在位）在即大公位之后，便立即迁往佛罗伦萨居住，并开始亲自统治托斯卡纳大公国。史称“利奥波德改革”的时代拉开了序幕。

这位年轻的君主，叫停了在他即位前不久为应对大饥荒而实施的阻止粮食常规流通的管制措施。这样，谷物流通便实现了全面自由。另外，利奥波德还通过废除征税承包制度、缩小或解散同业协会等举措，削减既得利益群体的权利。在此基础上，利奥波德进一步制定了以提高农业生产为目的，扩大自耕农规模的计划。为此，他把国有土地、修道院的土地等以永久租种的形式出租给农民。此外，利奥波德还确立了将“基层自治体”制度化的一元化地方自治制度。从米兰回国的内利以及弗朗切斯科·马里阿·吉安尼等本地出身的能臣干吏成为大公的左膀右臂，积极推动各项改革政策的落实。

利奥波德改革的集大成是制定于 1786 年的《新刑法典》。这部将废除死刑与拷问写进条文的刑法，受到了贝卡里亚《论犯罪与刑罚》刑法理念的深深影响。

利奥波德的兄长、神圣罗马帝国皇帝约瑟夫二世突然去世后，彼得罗·利奥波德继承了皇位。也因此，他于 1790 年返回了维也纳。此时恰逢如火如荼进行中的法国大革命，在这些因素的共同作用下，托斯卡纳大公国的改革并未完成。不过，废除死刑得以延续，并被成立于 19 世纪的意大利统一国家继承。

第7讲

复兴运动的时代

朱塞佩·加里波第像

1789 年	法国革命爆发
1796 年	拿破仑开始“意大利远征”
1797 年	威尼斯共和国与热那亚共和国灭亡
1799 年	法军对意大利的占领结束
1800 年	拿破仑开始第二次“意大利远征”
1806 年	法军占领那不勒斯王国，整个意大利半岛被纳入法国统治
1814 年	维也纳会议（—1815 年）
1820 年	两西西里王国在意大利半岛南部的领地上爆发烧炭党人起义
1831 年	马志尼组建革命组织“青年意大利”
1848 年	巴勒莫、米兰、威尼斯等地发生民众起义 两西西里王国、托斯卡纳大公国、撒丁王国制定了宪法 撒丁王国与奥地利开战（第一次独立战争）
1849 年	罗马共和国成立 撒丁王国在诺瓦拉战役中败于奥地利 巴勒莫、罗马、佛罗伦萨、威尼斯的临时政府垮台 革命终结
1852 年	加富尔成为撒丁王国首相
1858 年	加富尔与拿破仑三世缔结《普隆比埃尔密约》
1859 年	撒丁王国与法国向奥地利开战（第二次独立战争）

续表

1860 年	托斯卡纳、艾米利亚等地举行公民投票，并决定并入撒丁王国 加里波第远征西西里，并攻下了西西里岛与意大利半岛南部地区
1861 年	意大利王国成立

叔父大人，您是在说顿·佩皮诺·马志尼的共和政治也还不错是吗？如果想阻止向共和政治的转变，如果什么也不想改变，那么我们就不得不改变所有。

——卢基诺·维斯康蒂导演，《豹》(1963年，唐克雷迪的台词)

1 法国革命与拿破仑统治

国家复兴与统一运动

在意大利的历史中，19 世纪前半期常被称为“理索尔吉门特（复兴运动）的时代”[1]。在意大利语中，“理索尔吉门特”一词出现于18 世纪后期，出现之初的词义为“复

---

1 本书作者将意大利历史中的重要概念Risorgimento（意大利语）音译为日文“リソルジメント”。这个概念在中文里通常称为“意大利复兴运动”，日语中常使用“イタリア国家統一運動”（意大利国家统一运动）表示。作者在本书中认为，Risorgimento在意大利历史中的内涵虽然包括国家统一，但是意大利的国家统一仅仅是“Risorgimento”的结果，并非全部。所以把“Risorgimento”等同于“イタリア国家統一運動”（意大利国家统一运动）是不妥当的。原著中，作者专门对Risorgimento进行了概念解释。
为了方便叙述，对于书中“Risorgimento的概念解释”部分，本译稿也依原著使用音译，将Risorgimento译作“理索尔吉门特”。但对于“概念解释”以外的部分（包括章节标题），本译稿使用中文惯用的意译译法，将Risorgimento译作“意大利复兴运动”或“复兴运动”。

兴”“再兴”。更具体一点，就是“让意大利各国得到重生，并找回过去的荣光”。当时人们想找回来的是文艺复兴时期意大利在文化上的辉煌。

在日本，有将“理索尔吉门特”译为“意大利国家统一运动”的译法。但是，“理索尔吉门特”这个单词原本并不包含把意大利各国整合为单一国家的含义。的确，在19世纪前期，以实现意大利政治上的统一为目标的人越来越多。不过，在国家统一的路径、统一后国家的具体形态等方面，又存在因人而异的、各种各样的观点。另外，虽然当时很多人都主张把外国出身的君主赶出意大利，将政治主导权重新掌握到意大利人自己手中，但是这些人中，对“解体现有国家框架、建立统一国家”持反对或消极态度的也大有人在。

因此，将“理索尔吉门特”单纯地理解为以国家统一为目的的运动是不准确的。但是，这一时期各种各样的行动、活动，在结果上又的确使意大利成为一个统一的国家，这是不争的事实。就这个意义来说，把“理索尔吉门特”理解为促使意大利统一的一系列历史过程也未尝不可。

法国革命与拿破仑远征

1789年爆发的法国大革命在意大利也引起了共鸣。因此，意大利也出现了很多希望呼应法国大革命并与法国大革命形成联动的人。从专制制度中获得解放，确立自由与平等的原则，是他们的追求目标。渐渐地，他们开始用“爱国者”来称呼自己。不过，他们的对立面则把他们称为“雅各宾党人”。这是一种将法国大革命向急进化发展过程中出现的雅各宾派专政视为恐怖政治的、否定性称谓。这样的称谓也是为了让意大利各国的统治集团对革命更加憎恶。

法国的雅各宾派专政因政变而终结。1795 年，法国成立督政府。1796 年 3 月，新成立的督政府任命拿破仑·波拿巴为意大利方面军司令官。拿破仑对意大利的远征开始了。

众所周知，拿破仑出生于科西嘉岛。拿破仑的祖先原先居住在托斯卡纳，于 16 世纪举家迁至科西嘉岛。15 世纪以后，科西嘉岛属于热那亚共和国。18 世纪后期，一场由帕斯卡·宝利领导的独立运动在岛上如火如荼地展开。热那亚不但未能平定这场运动，反而自身陷入困境。1768 年，对运动无计可施的热那亚将科西嘉岛卖给法国。此后，这个岛屿便成为法国的领地。而拿破仑就出生在科西嘉岛被卖给法国的第二年。拿破仑的祖父卡尔洛（查理）曾在意大利的半岛地区专研学问，也曾短暂地在宝利建立的独立政府中执掌政务。

如此看来，拿破仑与意大利有着多重渊源。在远征意大利的途中，他将自己的签名从意大利语的“布奥拿巴”改成法语风格的“波拿巴”。可能对他来说，与意大利的各种渊源是应当予以切断的桎梏。

法军控制下的意大利

1796 年 4 月，拿破仑率领法国军队入侵皮埃蒙特。在 5 月的洛迪战役中，法军打败了奥地利军队。随后，法军占领米兰公国。紧接着，拿破仑又进军教皇国。在这个过程中，法军又占领了意大利北部的波河流域。12 月，法军在波河流域建立奇斯帕达纳共和国。“奇斯”的意思是靠近，“帕达纳”的意思是波河流域。“奇斯帕达纳”是古罗马时代用来指代波河南岸地区的一个历史称谓。这个共和国采用绿、白、红三色旗作为象征国家的旗帜。

奇斯帕达纳共和国的三色旗

1797 年，法军入侵威尼斯共和国。4 月，威尼斯共和国的维罗纳爆发民众起义，法军借机拿下整个威尼斯共和国。6 月，法军插手热那亚的“爱国者”起义，热那亚随后也被法军占领。在中世纪后的漫长岁月里，无限辉煌的两个海洋共和国，就这样在弹指一挥间灭亡了。

1797 年 6 月，法军在伦巴第地区建立了内高卢共和国。内高卢共和国合并了之前同样由法军建立的奇斯帕达纳共和国。此后，以法国 1795 年宪法为蓝本，内高卢共和国制定了一部内容稳健的宪法。伴随着宪法的实施，内高卢共和国废除了各项封建特权，没收或购买了教会、修道院的领地。就这样，土地开始向新兴富裕阶层手中聚拢。为了让内高卢共和国获得国际承认，法国与奥地利签订《坎波福尔米多和约》，并将法军占领的原威尼斯共和国割让给奥地利。后来，因为需要对战英国，拿破仑暂时离开了意大利。

1798 年，法军把进攻的矛头指向教皇国和那不勒斯王国。2 月，法军趁罗马发生市民起义，出兵控制了教皇国领地。教皇庇护六世（1775—1799 年在位）流亡至托斯卡纳大公国。11 月，那不勒斯王国的军队袭击了罗马，但遭法军击退。吃了败仗的那不勒斯国王费尔迪南德被迫从那不勒斯逃到王国的另一个属地——西西里岛上的巴勒莫。

1799 年 1 月，国王出逃后的那不勒斯建立了一个由“爱国者”掌权的共和国。这一事态，后来也被称为“那不勒斯革命”。不过，法国并不希望那不勒斯出现一个急进的政府。因此，法国人与意大利的“爱国者”们常常围绕政权运营问题产生矛盾。3 月，法军占领托斯卡纳大公国。

不过，法军在意大利的统治并没有维持多久。1799 年 4 月，奥地利与俄国的联军攻进伦巴第。仿佛转瞬之间，内高卢共和国便崩溃了。伦巴第地区开启推翻法国统治的运动后，各地也风起云涌般爆发了起义。

在托斯卡纳大公国，得到神职人员支援的民众呼喊着“圣母万岁”的口号揭竿而起。在那不勒斯共和国，枢机卿鲁弗率领的武装集团——“神圣的信仰”向首都那不勒斯发起进攻。6 月，在那不勒斯的共和国政府投降。在西西里岛上协助那不勒斯王国抗击法军的英国海军提督纳尔逊向那不勒斯国王提出严惩共和国骨干的建议。国王采纳了这一进言，很多共和国骨干也因此被处决。国王费尔迪南德对纳尔逊的功绩十分认可，还将西西里岛东部的一块领土送给了他。

法军在意大利的统治一共只有三年。之所以如此短命，是因为他们既遭到旧统治集团的憎恶，也未能赢得民众的支持。法军统治意大利期间，民众的苛税负担，较之过去的王权时期，甚至有过之而无不及。处理问题时，法军常诉诸武力，暴力行径几乎成为家常便饭。此外，意大利的很多艺术品也遭到法军的掠夺。

法军的“合作者”——“爱国者”们，大多是来自城市的精英阶层，民众的生活所望，他们并不是很理解。“爱国者”们也没有构建好让民众能够与他们交流的机制。与此形成对比的是，神职人员所处的位置反而能够与民众进行日常接触。他们利用民众的反法心理，将民众组织起来，最终推倒了“爱国者”们建立的新体制。

皇帝拿破仑对意大利的统治

1799 年 11 月的“雾月十八日政变”后，拿破仑成为法国的第一执政官。转年的 1800 年 5 月，拿破仑再次对奥地利开战。初战告捷后，拿破仑不仅重新建立了内高卢共和国，还对皮埃蒙特进行了军事占领。1802 年，拿破仑又进一步将内高卢共和国更名为“意大利共和国”，由他自己担任总统，而皮埃蒙特则被法国吞并。

1804 年 5 月，拿破仑在巴黎即位为皇帝。1805 年，意大利共和国被改名为“意大利王国”，国王仍由拿破仑担任。同时，继皮埃蒙特之后，利古里亚也被法国吞并。此后数年间，拿破仑又陆续将原威尼斯共和国、托斯卡纳大公国、帕尔马公国、教皇国的领地全部并入意大利王国。已经沦为法军囚徒的教皇庇护七世（1800—1823 年在位）时而被关在这个城市，时而又被押往那个城市。在很多个城市之间身不由己地游荡一段时间之后，这位教皇最终被囚禁在巴黎郊外的枫丹白露。

1806 年，法军占领那不勒斯王国，国王费尔迪南德再次逃往西西里。拿破仑最初让自己的兄长约瑟夫担任那不勒斯国王。约瑟夫转任西班牙国王之后，那不勒斯的王位又被拿破仑的结拜义弟缪拉继承。

此时，原本生活在都灵的撒丁王国王室萨沃亚家族也逃到了其控制下的撒丁岛，而原本居住在那不勒斯的那不勒斯王室波旁家族逃到了其属地西西里岛。除这两个岛之外，意大利其他所有地区都已被法国控制。当时，法国在意大利各地的控制形式有所不同：有的地方直接被法国吞并；有的地方被并进法国控制下的意大利王国或那不勒斯王国。虽然在意大利各地形式上分属三个国家，但实质上它们都被法国控制。在这一点上，各地是相同的。撒丁岛和西西里岛虽然没有沦入法国之手，但守卫这两个岛屿的却是英国的军队。

然而，虽然此时的法国在意大利的势力很大，但其统治却没能坚持太久。1813 年 10 月，远征俄国失败之后的拿破仑又在莱比锡会战中输给了俄、普、奥三国联军。见此情况，选择明哲保身的义弟缪拉倒向了奥地利。缪拉担任国王的那不勒斯王国与奥地利签订盟约，并从南、北两个方向对拿破仑控制的意大利王国展开进攻。意大利王国除了要承受奥、那两国在北、南两个方向上的进攻，还要承受英国从海上发起的攻击。

1814 年 4 月，皇帝拿破仑退位。很快，意大利王国也分崩瓦解。不过，在拿破仑从厄尔巴岛逃脱之后，紧跟形势的缪拉不仅迅速与奥地利解除了同盟关系，而且还立即向其宣战。只不过，缪拉并没有得到任何援军。他在王位被剥夺后，也曾试图进行殊死一搏，但最终在卡拉布里亚被逮捕，随后遭到处决。能力有限的人，即便获得了超出自己能力的位置，最终还是会落得一个与其自身能力相称的下场。

拿破仑统治的遗产

两次统治意大利的拿破仑在意大利各国都留下了深刻的印迹。在意大利王国，中央建立起了以法国为模板的中央集权国家机构；地方则引入了省、郡、市镇制，中央派出的省长拥有很高的权力。法典编纂方面，意大利王国制定了内容与法国法律几乎完全相同的民法、刑法和商法。此外，通货、度量衡也得到了统一，军队还引进了征兵制。

那不勒斯王国也建立了省、郡、市镇制地方行政体系。但是，法律方面的改革未能取得太大成效。这是因为，根深蒂固的司法官僚们抵制新法典的编纂。不过，在拿破仑第一次远征意大利时，那不勒斯未能成功废除的封建特权，这一次被废除了。

另外，拿破仑还发布了共有土地分配令。村落共同使用的共有土地以拍卖的形式被分割转让。出台此命令的本意是为了将小块土地卖给农民，从而培养出一批自食其力的农民。但实际上，这些土地大多被富裕阶层购得。结果，这项土地政策反而促进了大土地所有制的形成。

包括皮埃蒙特、利古里亚等法兰西帝国直辖领地在内的整个意大利半岛全都被卷进法国的统治体系之中。各种制度的统一、各项封建特权的废除，促进了土地所有制的近代化转型。另外，这一时期的很多举措还萌生了象征性的国家一体性，如绿、白、红三色旗已经开始被作为国家标志使用。拿破仑虽然垮台了，但有很多促进意大利国家一体化的制度被保留了下来。在后来的维也纳体系中，这种制度上的一体化趋势也没有出现太大的倒退。拿破仑统治时期的这种制度上的一体化为后来意大利走向国家统一打下了基础。

❷ 维也纳体制与复兴运动

维也纳体制与意大利各国

1814 年 9 月，维也纳会议召开。这次会议使得意大利各国在法国大革命前的体制大体上被复活。虽然如此，但也并不是过去的一切全都能一复如旧，如已经消亡了的威尼斯共和国与热那亚共和国就未能复国。处于奥地利控制之下的威尼斯与原米兰公国合并，成为伦巴第 · 威尼西亚共和国。而热那亚共和国则被并入撒丁王国。此外，哈布斯堡家族对托斯卡纳大公国的统治也得到了恢复。在教皇国北部，还长期驻扎有奥地利的军队。如此一来，奥地利在意大利中北部的统治便得到了进一步强化。

在意大利南部，那不勒斯王国与西西里王国合并为两西西里王国。国名虽然冠上了“西西里”，但这样的合并实际上只是加强了那不勒斯对西西里的统治，西西里人对那不勒斯也越来越反感。

在政治体制方面，各国都以回到法国大革命前的状态为目标，言论自由、集会自由都遭到了严格的限制。但是，拿破仑的统治已经让人们体验到了自由。在那种自由的氛围中，人们可以按照自己的意志行事。现在，让这些已经尝到过自由滋味的人们再次忍受压抑的体制，似乎十分困难。教会、修道院也想要收回被没收的土地，但大多未能如愿。人们的经济生活与法国大革命之前已大不相同。社会变化的巨大暗流正在涌动，想要复辟旧社会结构的维也纳体制也被裹挟于矛盾之中。

对维也纳体制的反抗与革命风潮

在压抑的政治体制之下，一些人开始了秘密结社。他们既追求从外国的统治之下获得解放，也以制定宪法为目标。当时的秘密结社有很多，其中力量最强的是以南意大利为中心的、组织化程度较高的“烧炭党”。一般认为，这是一个模仿共济会组织形式的结社。

共济会是一个社交团体。通常认为，共济会主要是经法国进入意大利的，时间在 1730 年前后。此后，意大利很多地方也结成了各种各样的“会党”。烧炭党吸收了很多共济会的标志性做法，如会内有严格的等级制，入会举办入会仪式，成员需保守本会的秘密等。烧炭党的秘密性与匿名性，让它在很多时候都能够免遭政治权力的弹压。烧炭党的成员很多，有观点认为，其成员人数多达数十万。人数虽然众多，但在最初阶段，他们若想开展具体的政治行动却是不容易的。

1820 年初，西班牙发生政变，拿破仑时期的宪法得到恢复。这一事件让意大利的风向也为之一变。受此事件的刺激，两西西里国内的烧炭党人发动起义，军队中也有一部分人与他们里应外合，起义成功并建立了一个新政权。曾在缪拉国王政府中担任过职务的自由派人士又回到了政权里。不过，在奥地利、俄国和普鲁士的联合干涉下，烧炭党人掀起的革命风潮仅持续了数月便遭到镇压。

1821 年，在意大利的另一端，撒丁王国的自由派贵族与秘密社团相互协作，联合造反。国王维托里奥·埃马努埃莱一世被迫退位。退位的国王把王位让给了答应制定宪法的萨沃亚家族旁系出身的卡尔洛·阿尔贝托。但是，反对制定宪法的维托里奥·埃马努埃莱一世的弟弟卡尔洛·腓力切联合奥地利，让事态发生了反转。卡尔洛·腓力切成功登上王位。他实行的政策极其反动，这些反动政策也一直维持到他本人去世、卡尔洛·阿尔贝托即位的1831年。

1830年7月，法国爆发七月革命，国王查理十世被废，奥尔良王朝建立。意大利各国的自由派贵族与资产阶级再次受到法国的影响，教皇国领域内的博洛尼亚以及与之相邻的摩德纳公国、帕尔马公国等波河中游地区的反应尤其强烈。1831年2月，博洛尼亚地区建立了一个新政府。新政府成立后便颁布了临时宪法。另外两个公国——摩德纳公国、帕尔马公国也紧随其后采取了相应的行动。不过，在奥地利的干涉下，仅仅过了一个月，这几个新政府就全部瓦解了。

就这样，在外国革命的联动效应下刮起的意大利各国的革命风潮，遭到了以奥地利为中心的他国军队的干涉与镇压。意大利各国摆脱外国控制的道路上，仍然笼罩着一团厚重的迷雾。

关于国家统一的思考

在法国革命与拿破仑统治期间，以“爱国者”自称的人中存在一部分既追求摆脱外国控制以赢得自由、平等，也主张意大利应统合为一个国家的人。

菲利波·博纳罗蒂（1761—1837年）就是其中的一个代表性人物。1796年，这位据说是米开朗基罗后裔的人就曾说过："生于那不勒斯，还是生于米兰，抑或是托里诺，这些区别在爱国者之间已经永远地消失了……所有意大利人彼此都是兄弟……意大利必须合为一体。"

后来，意大利又出现了一个继承"爱国者"衣钵、以"民主派"自称的群体。在 18 世纪前期的"民主派"中，朱塞佩·马志尼（1805—1872 年）提出了一个同时期轮廓最清晰明确的意大利统一理念。马志尼出生于热那亚，大学学的是法学。他加入过烧炭党，但是烧炭党缺少一个明确的政治目标，马志尼对此十分失望。1831 年，流亡马赛的马志尼组建了一个新的团体——"青年意大利"。

"青年意大利"摈弃了秘密结社这种过去的反抗活动形态。过去主导过很多运动的秘密结社，其内部是有"等级制"的。而"青年意大利"破旧立新，建立了一种新的组织。这给青年群体带来了很大的希望。这个组织的影响远远超出了意大利本国。在那些以摆脱外国控制为目标的欧洲其他地方，也成立了不少冠以"青年"的组织，如"青年波兰"。

马志尼提出的政治目标是以共和政体统一意大利。为此，他构想出了两种用以实现目标的手段：一是对民众进行教育；二是武装起义。基于这样的构想，19 世纪 30 年代，马志尼在皮埃蒙特、热那亚等地策划起义。不过，起义均未能取得成功。起义失败后，马志尼流亡到伦敦。在流亡伦敦期间，他仍然在寻找下次起义的机会。

马志尼之外，也有一些人从稳健的自由主义立场出发，提出了对意大利各国现有架构进行革新，从而让意大利成为一个统一国家的构想。都灵出身的神职人员温琴佐·焦贝蒂（1801—1852 年），因其主张的自由主义思想而不得不流亡布鲁塞尔。19 世纪 40 年代前期，身在布鲁塞尔的焦贝蒂写下了著作《论意大利人在精神和文明方面的优越》。他主张意大利现有的各国应拥戴罗马教皇为国家元首，采取联邦制的形式缓慢实现统一。过去，教廷一直都十分保守，但在 1846 年改革派的庇护九世（1846—1878 年在位）成为教皇之后，焦贝蒂的主张也开始带有一些现实意味。

同一时期出版的皮埃蒙特贵族切萨雷·巴尔博（1789—1853 年）的著作《意大利的希望》也是一部持稳健自由主义立场的书籍。他主张先以撒丁王国为中心，以军事手段将奥地利在北意大利的统治清除，然后再在意大利建立一个松散的联邦国家。这虽然是一个迎合萨沃亚家族扩张主义传统的想法，但也从构想层面开辟了一条以撒丁王国为盟主的意大利国家统一路线。

意大利各国的 1848 年革命

19 世纪 40 年代，寒流接连不断地袭击欧洲，粮食也屡屡歉收。城市的粮食危机常常引发粮食暴动。一连串的经济危机逐渐演变成对维也纳体制不满的政治危机。1848 年 2 月，巴黎发生革命；3 月，在维也纳与柏林，革命与暴动也接踵而至。维也纳体制终于走到尽头。这场革命波及了整个欧洲，意大利各国也被卷入其中。

1848 年年初，西西里岛的巴勒莫首先发起革命暴动。受到 1 月发生的民众起义的刺激，2 月，两西西里国王费尔迪南德二世颁布宪法。由此，制定宪法的愿望蔓延到了意大利各国。同年 2 月，托斯卡纳大公国制定宪法；3 月，撒丁王国与教皇国制定宪法。这些宪法要么模仿 1830 年的法国宪法，要么参照 1831 年的比利时宪法，总之都是稳健自由主义型宪法。

但是，仅仅依靠制定宪法是无法收拾事态的。在西西里，人民不承认那不勒斯政府制定的宪法。他们不仅公布了自己的宪法，而且还组建了自治政府。另外，听到梅特涅下台的消息之后，威尼斯和米兰的民众也在反奥地利的旗帜下揭竿而起。威尼斯成立了一个由尼埃莱·马宁领导的临时政府。在米兰，发生了一场反抗奥地利军队的激烈巷战，被称为“米兰五日”。这场战斗之后，米兰也成立了一个临时政府。不过，在卡尔洛·卡塔内奥等民主派人士与稳健自由派人士之间，又出现了临时政府主导权之争。

在得到维也纳陷入混乱而米兰又爆发起义的消息后，为了将伦巴第地区收入囊中，撒丁国王卡尔洛·阿尔贝托决定向奥地利开战，即第一次独立战争。最初，托斯卡纳大公国、教皇国以及两西西里王国都曾承诺：将会给予撒丁王国支援并向奥地利开战。所以，开战之初，局势对撒丁王国十分有利。

但后来，教皇庇护九世以奥地利是天主教国家，而教廷无法向天主教国家宣战为由，拒绝参战。两西西里王国也因那不勒斯发生民众暴乱而将已经派往北意大利的军队撤回。结果，撒丁王国被奥地利打败。8 月，两国签署停战协议。拉德斯基将军率领的奥地利军队也攻陷了米兰，米兰的临时政府随之垮台。约翰·施特劳斯那首闻名遐迩的曲子——《拉德斯基进行曲》，就是为了纪念奥地利的这次胜利而创作的。

就这样，革命的势头似乎一时陷入了低谷。不过到了秋季，各地又再一次活动起来。11 月，教皇国的稳健派宰相遭到暗杀，因宰相遇刺而惴惴不安的教皇庇护九世逃出了罗马。1849 年 2 月，罗马宣告成立“罗马共和国”。同一时期，托斯卡纳大公国的大公也逃出了佛罗伦萨。3 月，从流亡地伦敦回到意大利的马志尼在罗马参加了新政权。新政府实行了很多“急进”政策。比如，他们把从教会、修道院那里没收来的土地无偿分配给农民。另外，他们还策划将托斯卡纳大公国并入罗马共和国。

在民主派的气势得到恢复的情况下，为了夺回主导权，撒丁王国再次向奥地利宣战。不过，撒丁王国在诺维拉战役中再次大败。国王卡尔洛·阿尔贝托被迫退位、流亡。卡尔洛之子维托里奥·埃马努埃莱二世（1820—1878 年）继承了撒丁王国王位。

为了阻止革命声势蔓延，周边国家向意大利施加的压力越来越大。1849 年 4 月，奥地利派兵入侵托斯卡纳大公国，并随后占领了大公国全境。5 月，那不勒斯政府派出的军队摧毁了两西西里的自治政府。罗马共和国不但在南、北两个方向上分别承受着奥地利军队与两西西里王国军队的攻击，而且还遭到了法军的入侵。经过将近三个月的攻防战，7 月，罗马共和国垮台。一直抵抗到最后的威尼斯临时政府也在 8 月投降。意大利各国的 1848 年革命就这样终结了。

1848 年革命的遗产与国家统一的先兆

1848 年革命期间，意大利各国流了很多鲜血，但最后的结果却是革命前的体制又得到了复辟。不过，如果说这场革命并没有给意大利带来任何变化，那也是不现实的。其中最大的变化是，把意大利从外国的控制下解放出来，已经成为大多数人共有的理想。另外，自己是“意大利人”这种共同的纽带感，也超越了意大利各国的既有国境，熏陶了全体意大利人。参与起义的民众，手曾高举过作为己方象征的三色旗，嘴也曾共同高唱过《马梅利之歌》。《马梅利之歌》是 1847 年戈弗雷多・马梅利作词的一首歌曲，在第二次世界大战之后成为意大利共和国的国歌。

从另一个侧面看，意大利统一的对立面也在这场革命中原形毕露。稳健的自由主义派与民主派，互不相让政治主导权。教皇庇护九世不仅决心不参加撒丁王国的对奥战争，还对罗马共和国的成立怒气冲冲。由于教皇坚决反对意大利各国改变现状的立场已经充分暴露，因此以教皇为元首的联邦国家构想也彻底破灭。虽然撒丁王国原本只是希望统一北意大利，但在 1848 年革命期间，它展现出了鲜明的反奥态度，所以人们对以撒丁王国为中心实现意大利统一的期待感越来越强。

在激荡的政治形势下，文学、音乐等艺术领域创作出了很多以“意大利人”为意识背景的作品。早在拿破仑统治时期，乌戈·福斯科洛（1778—1827年）就曾写下大量诉求从外国统治下获得解放的诗篇。福斯科洛出生于希腊，他的父亲是威尼斯人，母亲是希腊人。他曾遍历威尼斯、米兰、佛罗伦萨、帕维亚等北意大利地区，在开展文学活动的同时，偶尔也以义勇兵的身份参加战斗。

另外，切萨雷·贝卡里亚的孙子，出生于米兰的亚历山达罗·孟佐尼（1785—1873年），在其创作的历史题材作品——剧本《阿达尔齐》（1822年）、小说《约婚》中，深刻地描写与刻画了外国统治的桎梏。1827年，他以米兰方言创作并出版了小说《约婚》。后来，他又花了大量时间对其进行改写，最终的完成稿是用以佛罗伦萨为中心的托斯卡纳方言写成的（1840—1842年）。这一版的小说《约婚》，更稳固地确立

亚力山达罗·孟佐尼（弗朗西斯科·海耶兹作）

了托斯卡纳方言在意大利语中的优势地位。后来，身为“国民作家”的孟佐尼获得了不朽的文学地位。

朱塞佩·威尔第创作的歌剧《纳布科》更是收获了极大的成功，这部作品讲述了一个傲慢的国王如何迫害犹太人的故事。《纳布科》大获成功之后，威尔第又继续以抵抗外国统治的民众为主题，创作了不少优秀的作品。意大利复兴运动期间产生了一批广受读者、观众青睐的艺术作品。这些作品逐渐成为承载“意大利内涵与精髓”的代表性经典。

③ 意大利的统一过程

撒丁王国的改革

1848 年革命之后，撒丁王国成为意大利各国中唯一拥有宪法和选举议会的国家。另外，在旧体制复辟的国家中，有很多参加过革命的人也被迫流亡到了撒丁王国。其中，有很多都是有一技之长和实干能力的人。于是，撒丁王国急速成功转变为意大利各国中最具自由主义特质、最具活力的国家。

1849 年 5 月，就任首相的马西莫·德·阿泽利奥（1798—1866 年）在众多领域不断地推进改革。出身皮埃蒙特贵族家庭的阿泽利奥在青年时期痴迷文学。为了创作，他曾离家出走，前往米兰。在米兰，他迎娶了孟佐尼的女儿，也创作了一批以历史小说《威吓者费拉莫斯卡》为代表、以从外国统治下获得解放为题材的作品。因此，阿泽利奥也是意大利复兴运动时期的代表性文人之一。后来，他回到都灵，以一名稳健自由主义者的身份开启了政治生涯。

宗教领域的改革是首相阿泽利奥推行的诸多改革之一。他一方面撤销了宗教裁判所，另一方面又废除了教会的保护权。在经济领域，他也推行了改革，他的经济改革政策推动了撒丁王国经济的发展。

在此，我们就 19 世纪前期意大利各国的经济状况做一个介绍。19 世纪 40 年代前期，意大利数次农产品歉收。不过，随着灌溉设备的改良，以提高谷物产量为中心，整个意大利的农业有了一个缓慢的进步。

在工业方面，生丝产业、丝绸纺织品产业依旧十分坚挺，这些产业也继续充当着意大利各国的重要出口产业。同时，以 19 世纪 30 年代产业革命为契机，意大利的纺织业与织布业也开始利用机器生产。在政府的保护下，米兰与那不勒斯还开始进行钢铁生产与机器制造。以皮埃蒙特、伦巴第为中心，铁路的铺设也如火如荼地展开了（顺便一提，1839 年两西西里王国开通的那不勒斯—波蒂奇铁路是意大利最早建成的铁道路线）。

19 世纪中期，意大利的经济已经有了可观的增长。不过，与英、法或德意志相比，其经济增速仍较为缓慢。另外，虽然经济有了一定的增长，但是意大利各国工业化水平的差距却被拉大了。

在这种情况下，为了发展撒丁王国的经济，首相阿泽利奥拔擢卡米洛·加富尔担任农商大臣。加富尔对一直以来实行的关税政策进行了调整，希望通过大力推进自由贸易扩大农产品的出口。这是一种以农业为主轴的经济发展战略。

宰相加富尔

加富尔（1810—1861 年）出生于皮埃蒙特的一个贵族家庭。他从小就生活在说法语和皮埃蒙特方言的语言环境里。进入军校学习后，他曾前往巴黎和伦敦游学，并在这些地方亲身体验了自由主义政治与自由主义经济。回国后，他在经营自家土地时，引进了不少具有革新性的经营方式。比如，开凿用于灌溉的运河，为土地制作账簿，等等。这些举措的实

加富尔像（罗马）

施，成功地让加富尔家族拥有的土地上的总生产量有了一个飞跃性的提高。1847 年，加富尔创办了一份由他自己担任总编辑的报纸——《光复报》。通过该报纸，加富尔对自己的近代化主张进行了宣传。

1852 年，加富尔出任撒丁王国首相。在此之前，他还担任过农商大臣、财务大臣。为了让自己的内阁能够平稳运行，出任首相后的加富尔与议会中的左派进行了协作。这样，他的内阁在议会中就稳稳地获得了多数议员的支持。在经济方面，他推出了一系列积极的经济政策，比如，推进铁路的修建；在宗教方面，他缩小和限制了教会的权限。与此同时，为了提高撒丁王国的国际地位，他在外交方面也倾注了大量心血。

1853 年，俄国与奥斯曼帝国开战，克里米亚战争爆发。随后，支持奥斯曼帝国的英、法两国对战争进行了干涉。战争中，撒丁王国通过支援英、法两国参与战争。在停战之后召开的巴黎和会上，加富尔与英、法两国的首脑举行了会谈。会议过程中，他还成功取得法国皇帝拿破仑三世的信任。

第二次独立战争与“北意大利王国”

1858 年 1 月，曾与马志尼并肩作战的意大利“爱国者”

费利切·奥尔西尼试图在巴黎对拿破仑三世实施暗杀。不过，暗杀非但未能成功，奥尔西尼自己也在被捕后遭到处决。奥尔西尼之所以要暗杀拿破仑三世，是因为他觉得为教皇国提供保护的法国军队是意大利统一的巨大障碍。在意大利，奥尔西尼是一名为统一而殉难的勇士，因此，同情他的舆论高涨。

1858 年 7 月，加富尔与拿破仑三世在法国东北部的疗养地普隆比埃尔进行了一次面谈。商谈之后，两人达成了密约。密约的内容包括：法国同意在撒丁王国采取行动解放奥地利控制下的北意大利地区时，给予撒丁王国援助；法国同意撒丁王国合并伦巴第、威尼托以及阿尔卑斯山以北的教皇国领地，也同意撒丁王国在此基础上建立北意大利王国；作为对法国支援的回报，撒丁王国同意将萨瓦与尼斯两地割让给法国。

萨瓦与尼斯两地的居民以法国系居民为主，而这也被认为是这两地成为法国领地的一个根据。但为了实现统一，撒丁王国竟然将自己的王室家族——萨沃亚家族的发祥地都割让了。可见，加富尔此时不惜一切代价也要完成统一大业。

1859 年 4 月，撒丁王国与法国的联军向奥地利开战。意大利第二次独立战争由此开始。最初，战局是朝对撒、法有利的局面发展的。但是，6 月发生了一场世所罕见的激战，交战双方都付出了巨大的人员伤亡作为代价。众所周知的国际红十字会，就是瑞士人亨利·杜南在目睹了这场让人心痛不已的惨烈战役之后下定决心创立的。

这场战役之后，法国国内认为法国不应该让这场与自身利益并没有太大关系的战争继续进行的舆论急速高涨。因此，拿破仑三世决定与奥地利停战。最终，撒丁王国通过这场战争仅仅收获了伦巴第地区。

在此期间，意大利中部地区发生了一系列要求并入撒丁王国的民众运动。1859 年 4 月，在民众的抗议与示威之下，托斯卡纳大公国大公列奥波尔德二世潜逃国外。稳健自由主义派人士贝蒂诺·里卡索利（他也是基安蒂干红葡萄酒的“始祖”）组建了临时政府。托斯卡纳与撒丁王国合并的进程由此开始。帕尔马公国、摩德纳公国的君主同样逃往国外，而以博洛尼亚为中心的教皇国北部地区也建立了一个临时政府。1860 年 3 月，这些地区举行了全民公投，赞成并入撒丁王国的人在票数上占压倒性优势。最终，这些地区根据公投结果，决定并入撒丁王国。

撒丁王国也曾尝试对威尼托进行合并，但遭遇了失败。不过，在那些已经完成合并的地区，撒丁王国的各项行政制度开始得到推行，并且制定了保障这些制度推行的法律。撒丁王国追求建立的北意大利王国正朝着最终实现的方向稳步前进。然而就在此时，发生了一件让加富尔始料未及的事，那就是加里波第的西西里远征。

加里波第

朱塞佩·加里波第（1807—1882 年）出生于尼斯，他的父亲是一名船员。加里波第也当过船员。后来，他加入“青年意大利”组织，还曾因参与热那亚的起义而被判处死刑。当时，意大利各国都有不少移民或逃亡拉丁美洲的人，他们在当地形成了一个意大利人网络。被判处死刑的加里波第就是利用这个网络经马赛逃亡到巴西里约热内卢的。

加里波第初到巴西时，南美各国才刚刚独立。国家的基本架构、国家间的领土边界都存在不少不确定因素，独立战争、领土纷争也屡屡不绝。抵达巴西之后，加里波第投身于当地的独立战争。他曾带领义勇军参加巴西南部里奥格兰德地区的独立战争与保卫乌拉圭的战争，加里波第也因此威名远扬。如果没有这个时期的经历，加里波第恐怕也难以取得后来的功绩与名望。从这个意义讲，即便说成就意大利统一大业的英雄加里波第是在南美的特殊条件下培养和造就出来的，也不过分。

1848 年欧洲革命爆发之际，加里波第回到了意大利。

他先是在撒丁王国的军队中率领志愿兵与奥地利军队作战，后来又前往罗马，为保卫罗马而与法国军队进行战斗。战事失败之后，在前往威尼斯的途中，加里波第失去了他最爱的巴西籍妻子。

随后，加里波第开始了人生中的第二段流亡生活。这一次，他流亡到了美国纽约。1854 年，加里波第经由伦敦，再次回到意大利。在伦敦，他与马志尼进行了一次促膝长谈。在国家统一的方式与路径上，加里波第与马志尼产生了分歧，马志尼坚持走依靠民众实现国家统一的路线，加里波第也因此与马志尼诀别。这段时期，不少响应马志尼思想号召的青年人一次又一次地策划起义，但起义一次又一次地失败，很多人因此丧命。马志尼也因这样的事情接连不断地发生而饱受批评。渐渐地，加里波第也开始转而支持由撒丁王国来主导意大利统一的国家统一方案。

第二次独立战争开始之后，加里波第又一次带领他的义勇军参加了撒丁王国的军队。他与他率领的义勇军在实战中积累了不少功勋。但是，战争进行到一半，撒丁王国就与奥地利签订了停战协定。在听到自己的家乡尼斯被加富尔割让给法国的消息后，加里波第被激怒了。于是，他与加富尔也分道扬镳了。

此时，马志尼派来的西西里人弗朗切斯科·克里斯皮给加里波第提供了一个新方案。这位克里斯皮曾在1848年革命之后被迫逃亡至撒丁王国。撒、奥停战之际，西西里各地正爆发民众起义。克里斯皮希望能充分利用这次机会，推翻波旁家族在西西里的统治。对此，他进行了周密的策划。他把自己的计划告诉加里波第，而加里波第也欣然接受了他提出的方案。就这样，加里波第开启了他的西西里远征。

西西里远征与统一南意大利

1860年5月，加里波第率领义勇军向西西里挺进。义勇军从热那亚的近郊出发，出发时全军约有千余人，因此这支军队也被称为“千人军”。他们全都身着红衫，红衫也成了这支军队的标志。当加里波第的千人军在西西里岛的马尔萨拉上岸后，当地的志愿兵也加入了他们的行列。此后仅仅用了三周时间，加里波第的军队就攻占了巴勒莫。这支由志愿兵组成的军队能够战胜波旁王室的正规军，在当时被称为奇迹。但是最近的研究表明，由于民众暴乱此起彼伏，波旁王室的统治体制早已千疮百孔、破败不堪，其军队的士气也十分低落。

随后，加里波第继续率军东进。8月上旬，加里波第的军队已全面控制了整个西西里岛。在此过程中，加里波第宣布加入自己军队的人可以分到公有土地。但这与当地农民的想法并不一致。西西里的农民认为公有土地应当分给所有农民。因此，在土地分配问题上，加里波第与当地农民产生了分歧。西西里东部的布隆德村原是领主涅尔松的领地，那些因没有分到土地而心生不满的农民甚至掀起了一场暴动。加里波第立即作出裁决，将参与暴动的五位农民处决。

在控制了西西里岛后，加里波第的军队又渡海前往意大利半岛的南部。灰心丧气、毫无斗志的两西西里国王弗朗切斯科二世弃城逃跑。9月，那不勒斯无血开城。接下来，加里波第又将目标瞄准罗马。但是守卫罗马的是拿破仑三世的法国军队，加里波第一旦进攻罗马，就意味着撒丁王国的后盾——法国将直接与加里波第的军队发生军事冲突。对加富尔来说，这是必须要阻止的。

加富尔抢占先机，他做出了在西西里岛与意大利半岛南部地区举行居民投票的决定。10月，他将这一决定付诸行动。在政治手腕方面，加富尔要比加里波第老到很多。紧接着，加富尔又为国王维托里奥·埃马努埃莱二世与加里波第举办了一场会晤。会上，无可奈何的加里波第将自己占领的全部土地都“献给”了撒丁王国。这场会晤是在泰亚诺举办的，因此也被称为“泰亚诺会谈”。

就这样，西西里岛与意大利半岛南部地区也全都并入了撒丁王国。此时，除威尼托与教皇国赖以存续的罗马周边地区（拉齐奥）以外，一个由意大利半岛的大部分地区、西西里岛、撒丁岛构成的统一国家出现在了世人面前。当统一最终来临，这个国家在实际形态上与马志尼、加里波第、加富尔中每一个人的最初设想都明显不同。

1861 年 3 月 17 日，这个名为意大利王国的国家在都灵宣告成立。

第8讲

自由主义时期与国民国家的形成

维托里奥·埃马努埃莱二世纪念堂

1863 年	《匹卡法》制定[1]，该法被用于平定南意大利的山匪大反乱
1866 年	意大利与奥地利的战争（第三次独立战争），威尼托地区被并入意大利
1870 年	意大利王国占领罗马
1882 年	制定《新选举法》 三国同盟确立
1884 年	那不勒斯霍乱流行
1887 年	采取关税保护政策 克里斯皮成为第一位南部出身的首相
1891 年	教皇利奥十三世颁布《新事》通谕
1892 年	意大利劳工党建党（1895 年更名为意大利社会党）
1894 年	克里斯皮在西西里发布戒严令，借以镇压西西里的农工运动[2]
1896 年	意大利在阿杜瓦战役中战败
1898 年	“世纪末危机”
1901 年	乔利蒂担任萨纳尔德里内阁的内政大臣（乔利蒂时代开始，—1914 年）
1905 年	铁路国营化
1909 年	马里内蒂在法国《费加罗报》上发表《未来派宣言》[3]

1　即Legge Pica（意）。

2　原著日语原文：ファッシ，即facio（意）的音译。

3　也译作《未来主义创立和宣言》。

续表

1911年	利比亚战争（—1912年）
1912年	制定新选举法（事实上的男性公民普遍选举法）
1914年	第一次世界大战爆发，意大利表示中立

我放纵不羁的生活是与我的那种与众不同的理论互为表里的。我的那种与大多数人的道德论相排斥的特异理论，都没有在她的面前陈述过几次。但她承认，我对事物的认知是更为优越的。所以，在某种程度上，她认可了我的放纵不羁的生活。在她看来，我是与普通人不同的。她很确信这一点。而正是这样的确信，在我的意识中，减轻了我的深重的罪过。

——邓南遮，《无辜者》，1892 年

① 统一国家的课题

“塑造意大利人”

1861 年成立的意大利王国，在其当时的领土上拥有 2200 万人口。都灵仍然是王国的首都，宪法也原封不动地使用了撒丁王国的宪法（通称《阿尔贝托宪章》）。王国成立后首次召开的议会被称为“第八届议会”，“第八届”是从 1849 年撒丁王国“第一届议会”开始累积计算的。意大利王国虽然是一个新国家，但国王顽固地拒绝接受“一世”的称号，他仍然使用原先维托里奥·埃马努埃莱二世的名号。所有的这一切都表明，意大利的统一是撒丁王国扩张的结果。

不知道从什么时候起，意大利出现了这样一句口号：“意大利虽然建立起来了，但塑造意大利人才刚刚开始。”

这句话常常被认为是马西莫·德·阿泽利奥所说。但实际上，在其所著的《回想录》(1867年刊)中的原话是："意大利首先要做的是，塑造出能够担负起自己义务的意大利人。"他在书中并没有说过一定要缔造出一个让全体国民都共有意大利人意识的民族国家。阿泽利奥的话之所以被偷梁换柱，是因为在当时的政治家和知识分子看来，打造民族国家是意大利当时亟须完成的重要课题。除此之外，没有别的解释。

复兴运动时期主张以联邦主义思想构建统一国家的民主派人士卡尔洛·卡塔内奥曾在论文《论作为意大利诸国历史理念原理的都市》中写道："在很多省，民众都会以省府所在都市的名称来指代自己的故乡。"在法国，住在巴黎近郊的农民不会认为自己是"巴黎人"。但是在意大利，若要表述自己是哪里人，则哪怕是居住在偏远山区的农民，也都会使用当地中心城市的名称。(比如，居住在米兰地区，就会以"米兰人"自称。)

即使是在今天，顽固的地域身份认同也仍然是意大利的一大特征。从卡塔内奥的论述中能够看出：在这个历史上几乎没有经历过统一的国家中，塑造出一个高于地域身份认同的国民身份认同是多么困难！

与日本、德国的比较

意大利统一后不久，日本也迎来了明治维新。在近代史的走向上，日本与意大利有着很多相似之处。比如：近代国民国家形成过程中的种种动向、重化工工业的开启、政治的民主化与大众化、在此之后又一变走上极权主义的道路、殖民扩张、第二次世界大战时的彼此结盟与战败、战后的民主化、经济高速增长、政党轮替得以实现的政治改革，等等。因此，对两国的近代史进行比较，是一个颇有意义的课题。

不过，二者在各自的出发点上有着根本性差异。意大利在 19 世纪中叶才开始成为一个统一国家。而日本从古代出现以来，就一直是一个整体性的国家。的确，日本历史上也存在过战国时期那样的权力分裂的时期，但即便在这些分裂的时期里，律令制国家的基本框架仍然在形式上得到了维持，正因如此，“王政复古”才能成为明治维新在其最初阶段的外在形式。

与日本不同，意大利过去存在着众多彼此缺少一体感的国家，这些国家在 19 世纪中叶被统一成了一个国家。因此，让意大利国民自觉产生“意大利国家意识”要比让日本国民产生“日本国家意识”困难得多。

从国家统一的角度来说，德国跟意大利更像。与意大利相同，1871 年才实现国家统一的德意志帝国，也经历了把原先分裂的国家整合为一个统一的国家的过程。但是，德国与意大利也有着明显的差异。

首先，从中世纪早期开始，德意志地区就存在一个“神圣罗马帝国”的国家框架。当然，这是一个与近代国家概念不同的象征性存在。在这个框架内部，还存在着形形色色的不同国家。但是，16 世纪以后，“神圣罗马帝国”有了一个别称——“德意志人的帝国”。正如这个别称的内涵，“神圣罗马帝国”发挥了团结德意志各国的象征性作用。

意大利并不存在与之相似的象征性框架。从象征性来说，教廷足以作为代表。但说到底，教廷凝聚着天主教教会这个世界性的宗教组织，其象征性并没有局限在意大利内。

另外，德意志帝国是普鲁士以自己的军事力量通过数次对外战争建立起来的国家。在建立之初，德意志帝国就已经是一个能与英、法比肩的强国。同时，德意志帝国也是一个在产业革命之后重化工工业得到持续发展的经济强国。

与此相比，撒丁王国是在法国的支援下，好不容易才战胜奥地利从而实现意大利国家统一的。统一之初，意大利的重化工工业仍然十分脆弱。说它是一个农业国家可能更符合实际情况。此时，如何让意大利在国际政治舞台上步入“列强”行列，仍然是摆在意大利领导人面前的一个重要“政治课题”。

❷ 右派政权与左派政权

右派政权的建立

最初，议会发挥了统合意大利全体国民的功能。在两院制的议会中，上院是“任命制”议院，下院却是“选举制”议院。从全国选举出来的下院议员们汇聚一堂、共商国是的机制，在维系国家一体性方面做出过重要贡献。下院议员虽说是由选举产生的，但只有那些缴纳了一定租税、年满 25 周岁的男性才拥有选举权。拥有选举权的人数仅占全体国民比例的 2%。

议员中大部分人都以“自由主义者”自称。这些自称为自由主义者的政治家占议会的多数并主导着意大利国政的时期，在意大利史学界也被称为“自由主义时期”。在时间上，“自由主义时期”大致相当于意大利国家统一至法西斯政权成立之间的这段时期。

议员分为两派，一派被称为右派，一派被称为左派。右派大多是支持加富尔的稳健派议员；而左派则多为持急进立场的议员。左派有一个较为显著的特征，那就是他们中有很多人都来自南意大利。这个特征也说明，南意大利有很多批评新国家的人。在统一之后举行的第一次选举中，右派取得了压倒性胜利。加富尔也成为统一后的第一任首相，但仅仅经过三个月，加富尔就溘然辞世。第二任首相是里卡索利。此后，右派的内阁又继续维持了一段时间。

在此期间，法典的编纂工作得到了推进。1865 年，意大利制定了新民法、新商法等法律。但是，刑法典的编纂却较为缓慢，因为在是否废除死刑的问题上，各派存在较大争议。1889 年，意大利终于完成新刑法典的制定工作。死刑制度被废除，是这部刑法典一项重要的内涵。在行政制度方面，统一之初，意大利也讨论过创设一种拥有大幅自治权的“大区”方案。但最终，意大利还是采用了中央集权制。内务部向各地方派出省长，而省长在地方上拥有很强的权力。

首都问题也是摆在意大利政治家面前的一个重要政治课题。当时，南意大利频繁发生大规模农民反乱，把首都继续放在都灵已难以为继。可是，罗马依然是教皇国的领地。在对多个方案进行考量之后，意大利的政治家们最终决定迁都佛罗伦萨。1865 年，意大利的首都正式迁到佛罗伦萨。

统一的完成与“罗马问题”

1866 年 6 月，为了争夺统一德意志的主导权，普鲁士与奥地利之间爆发战争。和普鲁士短暂结盟的意大利也出兵参战。虽然意大利在战场上屡屡败北，但是普鲁士打败了奥地利，意大利也成为这场战争的一个赢家（第三次独立战争）。意大利通过这场战争，成功将威尼托地区并入版图。

1870 年 7 月，以统一德意志为目标的普鲁士与法国之间也爆发了战争。9 月，在色当战役中，法军大败。见此良机，意大利政府决定合并罗马。在与教廷的交涉无果而终之后，9 月 20 日，意大利派兵攻打罗马。10 月，意大利以居民投票的方式合并了罗马。1871 年，意大利的首都从佛罗伦萨迁至罗马。

在意大利统一的过程中，教皇国逐步失去了大部分领土，连教廷最后的根据地罗马也被意大利王国夺走。教皇庇护九世震怒至极。虽然意大利政府向教廷提出了保障其各种各样特权的方案，但教廷对提案予以全面拒绝。1874 年，教皇下令禁止天主教徒参选意大利王国下院议员，甚至连投票都不被允许。这场由教皇禁令引发的问题就是所谓的“罗马问题”。在整个“自由主义时期”，意大利国家与天主教会都持续处于一种“绝缘”的状态。

威尼托地区与罗马相继并入意大利王国意味着意大利已经“完成”了国家统一的大业。但是，特伦托地区与的里亚斯特的周边地区依然处于奥地利的控制之下，这两个地区生活着大量讲意大利语的居民。后来，意大利又展开了一场以“夺回”这两个地区为目标的“领土夺回运动”。

“议会革命”与左派政权

统一过程中频繁的战争让撒丁王国背负了巨额的财政赤字。新成立的意大利王国政府理所当然要承担这些赤字。

右派政权为了均衡财政收支，采取了征收“制粉税”的增税政策。从性质上说，制粉税属于消费税的一种。左派认为，右派的这种做法无视了地方所存在问题的本质。所以，他们对右派推出的这项增税政策进行了批评。不仅左派，右派中也有部分人对左派提出的批评表示赞同。1876 年，在政府宣告实现了财政收支平衡的同时，内阁向议会提出了关于铁路国营化这一重要提案。这项提案在议会中遭到否决，内阁也因此全体辞职。此后，左派的阿戈斯蒂诺·德普雷蒂斯（1813—1887 年）成为下一任首相。

德普雷蒂斯内阁的阁僚全都是左派议员。这样，就出现了一个全体成员都是左派的内阁。当时，人们把这一现象称为“议会革命”。不过后来回顾这段历史时，人们又认为将其称为“革命”有些夸大其词。与统一初期不同，19 世纪晚期，意大利左派已出现明显的稳健化趋势。左、右两派之间的区别也逐渐缩小。德普雷蒂斯的新内阁成立后，首相立即解散议会并举行了总选举。通过这次选举，左派确保了议会中绝对多数的地位。但在选举时，警察曾依据内务大臣的指示，对右派候选人的选举活动做出了一些妨碍行为。这种干涉选举的行为与右派的做法如出一辙。

在左、右两派差异日渐缩小的过程中，左派政权推出的教育制度改革与选举制度改革明显带有左派特征。1877 年制定的《科皮诺法》确立了初等教育的义务化、免费化与世俗化的原则。不过，由于财政基础较为薄弱，新小学的开办速度十分缓慢。不仅如此，义务教育的时间也很短，仅有两年。因此，特别是在南部地区，直到 20 世纪初识字率仍低于 50%。1882 年制定的《新选举法》在一定程度上放宽了选举权人的资格条件。此举使拥有选举权的人数显著增加，并让选举权人占总人口的比例从 2% 一跃至 7%。

议会的变化

1882 年，意大利按照新的选举法进行了议会总选举。由于拥有选举权的人数显著增多，想见那些继承马志尼思想的共和主义者成为议会中的一大新势力。不仅如此，新登场的社会主义者也在议会中崭露头角。为此，首相德普雷蒂斯发出超越左右差异、集结所有自由主义者的呼吁。用他的话来说，他是在呼吁左、右两派进行“转型”。

但是，很多人将这样的“集结”与“转型”批判为“野合”。德普雷蒂斯的这一战略也被批评者称为“转型主义”。[1] 时至今日，“转型主义”这个词常常被用于描述意大利政治中各种党派反复集散离合的现象。这些党派在“集结”时往往把理念放在第二位，他们“集结”的最大目标就是在议会中形成多数派。客观来说，德普雷蒂斯的战略可以确保自己的内阁在议会中获得稳定多数派的支持，也能够让更广泛的政治势力参与到政权运营之中。这是德普雷蒂斯战略的优点。但是此举也容易让议会丧失活力、僵化单一，议会要为内阁提供便利，就必然滋生慢性财政赤字与政治腐败等问题。从这个角度来说，德普雷蒂斯的战略也有其缺点。

1　即Trasformismo（意），也被译作“移行主义”“顺应主义”。

在贸易体制方面，意大利出现了180度的大转弯。1887年，德普雷蒂斯内阁一改过去的自由贸易体制，开始采取关税保护政策。德普雷蒂斯内阁改变贸易政策是为了应对当时欧洲出现的经济长期低迷的局面。这里所说的经济长期低迷，是指19世纪70年代至19世纪末因美国南北战争后美国大量谷物输入欧洲而引起的经济发展停滞。

不过，关税保护政策不仅是一项应对经济低迷的政策，而且也是一项推进北意大利工业化进程的政策。过去，意大利研究学界一直将这项政策理解为北意大利工业资本家与南意大利大土地所有者联盟的结果。但是最近的研究指出，南意大利的农场主并不是一个利益整体。他们当中有一部分是谷物生产者，还有一部分是以出口为导向的橄榄、葡萄酒、柑橘类水果的生产者。二者之间的利害损益并不一致。因此，与其说贸易政策的转变是北部工业资本与南部农业资本联盟的结果，倒不如说它是北部工业资本与同样是北部的农业资本联盟的结果。

不管哪种学术观点更为准确，这次贸易政策的转变都既加速了意大利工业发展的进程，也让谷物价格的下降趋势得到了控制。但是，一直以来经济效益都很好的橄榄、葡萄酒、柑橘类水果的出口却遭受了重大打击。

南部问题

在南意大利，拿破仑统治时期封建特权就遭到了废除，但农民并没有获益。大量农民反而失去了原先耕种的公有土地，农民的不满情绪愈发强烈。因此，在意大利统一之前，南意大利就曾频繁发生农民反乱。统一之后，撒丁王国在南意大利推行了租税制度与征兵制度，此举导致农民的不满情绪达到顶点。南意大利各地相继发生大规模的农民反乱。这些反乱常常由武装起来的强盗领导，因此南意大利的这一系列反乱也被称为“强盗战争”[1]。

新政府决心以武力肃清“反乱”。1863年，意大利实施《匹卡法》。根据这部法律，强盗及其同谋都将被送上军事法庭进行审判。不仅如此，即便是仅有“通匪”嫌疑的人，也可能遭到强制迁徙（事实上的拘禁）。这部法律实施后，政府的武力镇压变得苛烈至极。虽然强盗战争得以平定，但南意大利人对政府强烈的不信任感再也无法彻底磨灭。

同时，北意大利的政治家与知识分子的脑海里也被深深地刻上了这样一种印象：南意大利的社会与北意大利的社会迥然不同。所谓的“南部问题”也正式登上历史舞台，这是

1　即Brigantaggio（意）。

一个认知与认识范畴的问题。

关于北意大利人对意大利南部的认识，我们在此试举一例。19 世纪 70 年代，西德尼·松尼诺（1847—1922 年）和利奥波德·弗兰凯蒂（1847—1917 年）曾在南意大利开展过两次关于地方行政与地方经济的调研。他们二人都是托斯卡纳的资产阶级家庭出身，后来也都成了颇有分量的政治人物。

当时的南意大利，“在外地主”[1] 主导的大土地所有制让农民处于一种隶从附属的状态。对此，松尼诺与弗兰凯蒂提出了严厉的批评。不仅如此，以大土地所有者为中心的少数支配阶层为了独占权力，还明里暗里与犯罪组织勾连。在那不勒斯，这类组织叫作“科莫拉”；在西西里，这类组织叫作“黑手党”。松尼诺与弗兰凯蒂二人对此进行了批判。他们认为地方行政不应该被委托给这个已经腐败了的群体，意大利南部应在中央政府的强力干预下，开展政治与经济的改革。

北意大利人用一种严厉的目光看待南意大利。为了抗衡，南意大利人也提出了他们自己对南意大利的认识。一股被称为“南部主义”的潮流由此出现。

1　在外地主，又叫“不在地主”，即不在自己的土地庄园居住的地主。

朱斯蒂诺·福尔图纳托（巴西利卡塔出身）认为，南部农民的贫困是南部恶劣的自然环境导致的。弗兰切斯科·萨维里奥·尼托（巴西利卡塔出身）指出，北部的工业化是以牺牲南部为代价的，因此南部也应推进工业化。盖伊塔诺·萨尔维米尼（普利亚出身）指出，对北部有利的租税体系与大土地所有制是导致南部贫困的原因。他认为南部农民解放的第一步应该是制定普遍选举权制度。以上所列三位是当时主要的“南部主义者”。他们都有着变革南部社会的志向，但是他们的主张未能立即映射到当时的政策之中。

③ 克里斯皮时代与“世纪末危机”

克里斯皮政权

1887年，弗兰切斯科·克里斯皮（1818—1901年）就任意大利首相。他早年曾作为西西里民主派活动家参与1848年革命。革命失败后，克里斯皮辗转颠沛于欧洲多地，过着流离失所的生活。后来，他在加里波第远征西西里的方案策划过程中发挥了中心性的关键作用。意大利统一之初，克里斯皮就当选下院议员。当时，他曾主张意大利应实行共和主义政体。不过后来，他转而支持王政，成

弗兰切斯科·克里斯皮

为一名颇具实力的左派政治家，并最终当上首相。他也是意大利统一后第一位当上首相的南意大利人。

在西西里人克里斯皮看来，北方的报纸常常充斥着满是偏见的报道。每天早上，他都会在卫生间花上两个小时，捯饬他那自鸣得意的凯撒式胡须。当议会审议过程中发生纠纷时，他就会用小链子不停地来回摩擦系在西装背心上的珊瑚护身符。他通过这种方式祈祷议会的审议结果对他有利。在他的画像中，甚至还有一张将他画成北非游牧民族贝都因族酋长的插画。

从他个人的经历来看，他似乎是一名以扬名立万为目标，随时能改变自己立场的政治人物。但实际上，他抱有在强大国家力量下统合民众、将意大利发展成近代国民国家的远大理想。在这一点上，他的立场是一以贯之的。

当上首相之后，克里斯皮在两大政策的推动方面投入了大量精力：一项政策是扩大和强化行政权限；另一项政策是国家干预国民生活。首先，他对中央官厅进行改组与再编，强化了内务部对地方自治体的统制力。其次，他制定了《公共保健卫生法》和《移民法》等法律。此外，他还制定了国家对慈善事业进行直接管理的法律。而过去，慈善事业多以教会、修道院为中心开展。他希望以此缩小教会、修道院对国民生活的影响，同时扩大国家在国民生活领域的权限。政治生涯从共和主义起步的克里斯皮，在成为首相之后，仍然一以贯之地践行着拒绝教会干预世俗的反教权主义。

19 世纪 90 年代前期，西西里农工“法西”运动越发活跃。“法西”一词在意大利语中原本是“团结”的意思。这一时期的农工运动青睐并常常使用这个词。起初，这是一场以改善工农生活为目标的稳健的运动。后来，运动逐渐急进化，甚至出现了民众骚动的形态。1893 年年底，一度卸任首相职务的克里斯皮再次出任首相。上任之后，他立即在西西里发布戒严令，并以武力对运动进行了彻底镇压。他知道，大土地所有制对农民来说是一项十分严苛的制度；他也知道，自己生于斯长于斯的西西里社会究竟有着怎样的问

西西里“法西”袭击马扎拉德尔瓦洛市政府（引自利托拉齐奥，《意大利人》，1894 年 1 月 28 日刊）

题。虽然如此，但是他也绝不容许社会秩序出现紊乱。

在内政方面追求扩大国家权力的克里斯皮，在外交方面也在寻求外界承认意大利是强国的一员。

意大利的外交

普奥战争与普法战争之后，意大利终于摆脱了法国拿破仑三世的束缚。在外交方面，意大利也可以自主发挥了。但是，俄土战争结束后，在 1878 年召开的柏林会议上，意大利提出的领土主张并未获得其他参会国的认可。

意大利曾想让突尼斯成为自己的殖民地。但 1881 年，突尼斯成了法国的被保护国。意大利国内的反法情绪瞬间高涨。见此良机，德国首相俾斯麦为了孤立法国，怂恿奥地利和意大利与其结成三国同盟。对与奥地利血战了好几回才赢得国家统一的意大利来说，三国同盟的缔结是多么讽刺的一件事情。

当欧洲列强在瓜分非洲的道路上狂奔之时，意大利必须拿下一块殖民地才能获得“列强”的地位。丧失了让突尼斯成为自己殖民地机会的意大利，将东非锁定为下一个目标。意大利先是把阿萨布、马萨瓦等港口收入囊中，让其成为自己的殖民地，后又于 1890 年，对这一地区进行了整合。整合后的殖民地被命名为“厄立特里亚”。

担任首相的克里斯皮还兼任外交大臣。在外交方面，他奉行亲德反法的政策。他把施行铁血政策的俾斯麦视为理想的政治家。（不过据说，俾斯麦似乎对这位“左翼”身份的克里斯皮完全不信任。）推行积极外交政策的克里斯皮，在外交上最重视的是在东非拓展殖民地。他不顾议会反对，也不顾靡费多少预算，执意要对埃塞俄比亚实施军事侵略。但是，埃塞俄比亚是一个有着较为稳定的国家机构的国家。面对意大利的入侵，埃塞俄比亚动员大军进行了防卫。最终，在 1896 年 3 月 1 日发生的阿杜瓦战役中，意大利军队铩羽而归。

克里斯皮也因这次掠夺殖民地失败而下台。“阿杜瓦之败”一直是此后不少意大利知识分子的“精神创伤”。意大利再次策划侵略埃塞俄比亚，是在 20 世纪 30 年代的法西斯政权时期。

天主教与社会主义

1878 年，历代教皇中在位时间最长的庇护九世去世。在其下一任教皇利奥十三世（1878—1903 年在位）的推动下，一直以来坚持拒绝近代社会的教廷出现了变化的兆头。

与此同时，一些新的天主教团体也纷纷成立。

1891 年，利奥十三世颁布《新事》通谕。这份通谕在承认劳动问题、社会问题存在的基础上，对国家干预以及天主教劳工组织的建立给予了认可。通谕发布后，意大利出现了很多天主教系统的农村金库、消费合作社等组织。农村金库是一种利用会员储蓄，向农民发放无息贷款的机构。这些组织大多出现于伦巴第、威尼斯等意大利东北部地区。虽然存在地域的不平衡性，但是天主教在促进民众的组织化方面取得了一定的进展。

曾经统归民主派潮流的人们，因思想主张的不同而出现分歧与分流。虽然出现了分化，但是他们的活动反而越发活跃。他们中有的人成为共和派，有的人成为无政府主义者，还有的人成为劳动者主义者。共和派仍然继承马志尼的思想，无政府主义者主张以实际行动实现社会革命，劳动者主义者则以实现工匠、工人的固有经济要求为目标开展活动。这些运动的主舞台都在米兰。此外，在波河流域，特别是艾米利亚 – 罗马涅地区，把农业劳动者组织起来的农民运动也日益兴盛。

19 世纪 80 年代后期的米兰，以劳动者主义派为中心的活动家们结成了“意大利劳工党”。他们开始向马克思主义的社会主义靠拢。另外，米兰各地还出现了以地域为单位的劳动者讲习所。讲习所设立的目的就是将劳动者组织化，这样的动向还波及了其他城市。

1892 年，意大利的各类社会主义组织成员汇聚于热那亚，并召开了会议。会议宣告“意大利劳工党”正式成立。1895 年，这个政党改名为“意大利社会党”。社会党虽然在西西里有些基础，但其核心基础仍在意大利的中北部地区。

米兰还出现了安娜·玛利亚·莫佐尼等人推动成立的“女性利益推进同盟”，这个组织致力于推动女性解放。而女性解放，在当时与工人解放有着较为密切的关系。在女性无权参政的时代，她们以争取参政权、改善女性劳工待遇为目标，以举办演讲会等形式，勤勤恳恳、踏踏实实地开展着活动。

“世纪末危机”

1897 年 3 月举行的议会总选举中，三个“最左派”的政党——共和党、急进党、社会党的议席数全都获得了增加。急进党是一个反教权主义的政党。这一年，意大利发生了很多类似于波河流域工人罢工的事件。工人和农民都在行使着自己的权利。当然，罢工运动的增加与当年的农业歉收也有一定的关系。不仅如此，米兰还召开了一次天主教全国大会。大会上，拒绝与意大利国家合作的势力占据了压倒性的多数。“红”（社会主义势力）与“黑”（天主教势力）同时被当权的自由主义者视为了最大的威胁。

1898 年，农业歉收导致面包价格暴涨。社会形势也愈发不稳。5 月，米兰发生了一次暴动，其影响波及全国。意大利政府随即出台戒严令，并试图用武力进行镇压。当时，甚至还发生了向民众开炮的事件。

1900 年 7 月，国王翁贝托一世被一名无政府主义者暗杀。虽然国王本人并不太喜欢政治干预，但在自然灾害和流行病发生时，还是逐一前往受灾地进行慰问。但国王在参加体育大会闭幕式时惨淡地结束了他的一生。在这样的混乱之中，意大利的十九世纪也落下了帷幕。

❹ 乔利蒂时代

松尼诺与乔利蒂

19 世纪末，意大利社会处于骚动之中。不过在政治世界，出现了以新的手段克服危机的动向。这一动向的代表人物是西德尼·松尼诺和乔万尼·乔利蒂。

1897 年，松尼诺发表论文《回归宪法》。在论文中，松尼诺主张在意大利引入普遍选举制，以使议会能够更为准确地反映民意。论文还表示终日忙于政争的议会的权限应当予以缩小。论文进一步主张，既然《阿尔贝托宪章》规定了国王具有强大的权限，那么政治就应该遵循宪章的这一规定，在强大的国王权限之下运行。他还主张，对于天主教运动与社会主义运动，国家应予毅然决然的对抗，以守卫自由主义的国家体制。松尼诺曾经在意大利南部开展社会调研，从那时起，他就一直主张应将南部的大土地所有制解体，从而“创造”出更多的自营农民。

与此相对，乔利蒂（1842—1928 年）提出了一种与之形成鲜明对比的社会构想。皮埃蒙特出身的乔利蒂是一名从财务官僚成长起来的政治家。他认识到如何处理社会问题是当下最重要的政治课题。他曾在议会演讲中说：“对于组织化的势力，我并不恐惧，我所恐惧的反而是那些尚未组织化的势力。”他认为，应该让劳动者进一步得到组织化，并积极地把他们纳入体制中，从而让社会秩序逐渐安定。在他看来，此举不仅能够强化自由主义国家的基础，而且也是实现社会正义的正确方式。

关于教会，他曾说：“我们的原则是，国家与教会应是绝不相干的两条平行线。”他认为，国家与教会应秉持互不干涉的原则；他还认为，宗教问题、罗马问题是一个微妙而复杂的课题，应极力避免使其政治化，这一点尤为重要的。

关于经济，一方面乔利蒂认为北意大利的工业化是整个国家经济发展的牵引力。为了推进工业化，国家应积极干预经济活动，这也是他在经济问题上的基本立场。另一方面，他认为南方的工业化是一个次要问题，在北方经济发展的影响下，南方迟早会实现工业化。

在 20 世纪历史的开幕之际，乔利蒂成了意大利政坛一位具有重要影响力的人物。

乔利蒂的政治手腕

1901 年，左派长老朱塞佩·萨纳尔德里成为首相，乔利蒂在其内阁中担任内务大臣。不过在众人眼中，乔利蒂就是事实上的内阁首班。1903 年，乔利蒂正式担任首相。在 1914 年离任之前，乔利蒂曾先后三次担任首相，而且每一次都不是“短命首相”。因此，意大利史学界将这段时期称为“乔利蒂时代”。

每当遇到难以解决的问题时，他都会采取先下野再复出的方式应对。在他下野期间，首相要么由他的心腹担任，要么由他的政敌松尼诺出任。松尼诺也曾两次出任首相，但每次在任时间都仅有短短三个月。在 1901—1914 年的 14 年间，乔利蒂共担任了八年多的首相。不仅如此，在这 14 年里，即便他不在首相的位置上，政治主导权也时常掌握在他的手中。

官僚出身的乔利蒂，并没有什么十分值得讲述的个人传奇。他之所以能在议会中发挥卓越的领导能力，仅仅是因为他善于聚拢议员，在议会中形成多数派。他首先成功地笼络了最左派的议员，特别是与社会党建立了良好的关系。社会党被他视为代表工人利益的政党。不过，在乔利蒂时代，社会党内部持稳健议会主义立场的改良派处于优势地位，而乔利蒂能与社会党建立良好关系也得益于此。

为拉拢南部出身的议员，他按照当地选举区的利益需求进行了特别立法，此举为他赢得了南方议员的支持。他努力做到不在表面上讨论宗教问题、罗马问题。对于亲天主教议员数量逐渐增多的趋势，他也采取一种容纳、认可的态度。这样，他又获得了亲天主教议员的支持。不过，这些派别并不都是同时给予他支持的。但是，每当一部分议员离他而去，他又能很快拉拢到另一派议员。这使得他在议会中永远都能够得到多数派的支持。

乔利蒂的统治手段被其批评者斥责为“议会独裁”。另外，萨尔维米尼还就南部反乔利蒂派议员候选人的选举活动屡次遭到妨碍的情况，指责乔利蒂是“黑社会大臣”。的确，为了让自己的内阁能始终获得议会多数派的支持，乔利蒂有时丝毫不顾及体面与脸面，这些都让他受到了伦理上的批评。不过从另一个角度来讲，他在议会中笼络不同派别的同时，国内各种不同的诉求也能够得到议会多数派的讨论。在经过适当调整后，这些诉求往往能得以政策化。因此，乔利蒂在议会中争取多数派支持的工作也并不是毫无可取之处。从这个意义上讲，乔利蒂时代的意大利虽然面临着各种各样的问题，但这个时代也是议会制民主主义没有走样、正常运作的时代。

为了解决社会矛盾，乔利蒂时代的意大利在社会管理领域制定了一系列的法律。比如，管理新移民的法律、保障女性劳工与童工利益的法律、将初等教育的管辖事项完全移交给国家的法律，等等。在经济方面，国家对经济活动的干预越来越强，铁路也实现了国营化。另外，为了让国家承担起社会保险的职责，乔利蒂内阁还设立了全国性的保险机构。振兴南方经济的《巴西利卡塔振兴法》《那不勒斯工业振兴法》等特别立法也在这一时期得到了制定。1908 年年底，意大利发生西西里·卡拉布里亚大地震。地震造成超六万人死亡，在乔利蒂内阁的主导下，制定了《复兴支援特别法》。

工业化的进展

长期低迷的意大利经济，在 19 世纪末开始出现好转的兆头。在乔利蒂时代，意大利一举实现了重化工工业化，同时意大利的经济也迈上了新的台阶。

1896—1908 年，意大利的年平均工业生产增长率达到了 6%—7%。金属、化学、机械工业的增长率更是超过了 10%。意大利虽然是一个资源贫瘠的国家，但阿尔卑斯地区的水力发电为其工业的发展提供了源源不断的能源支持。1905年，意大利以公司合并的形式建立了里瓦钢铁公司，并进一步实现了铁轨的国产化。

意大利的工业在这一时期最大的特征是汽车产业高速发展。1904年，意大利仅有四家汽车制造商，但短短两年之后，意大利就已经拥有了50家汽车制造商。虽然这些公司的规模大多较小，但后来通过并购重组，意大利也逐渐出现一些大型的汽车制造商。

意大利的汽车制造商中，乔瓦尼·阿涅利创办于1899年的菲亚特公司是规模最大的一家。菲亚特总公司所在地都灵也成为意大利汽车制造产业的中心城市。相较于英、德、法、美，意大利汽车产业的起步要稍晚一些，但意大利汽车产业起步之时，国际汽车行业本身也处于起步阶段。因此在汽车制造领域，意大利在国际上也获得了颇具竞争力的地位。

汽车工业以外，布雷达公司、倍耐力公司也分别在铁轨制造、轮胎制造领域迅速发展起来。这两个公司的总部都位于米兰。从这些公司的总部所在地也可以看出，意大利的重化工工业主要是在米兰、都灵、热那亚等西北部地区发展起来的。这一地区也被称为“工业三角地带”。但是，这样的工业发展格局进一步拉大了原本就存在的南北差距。

城市面貌的变化

在意大利从农业国向工业国快速转变的过程中，随着人口向城市流动，城市化进程的势头也愈加迅猛。如表所示，在国家统一之后的40年间，很多大城市的人口都出现了两倍左右的增长。

表　城市人口的变化

	1861年	1901年
罗马	21万人	42万人
米兰	27万人	54万人
都灵	17万人	33万人
佛罗伦萨	15万人	24万人
那不勒斯	49万人	62万人

意大利国家统一之后，都灵、米兰、佛罗伦萨、那不勒斯全部失去了首都的地位。不过，由于都灵、米兰成功转型为工业城市，所以不断有新的人口涌入。特别是米兰保住了能够与首都罗马相抗衡的、北意大利核心城市的地位。另外，佛罗伦萨作为重要文化中心的地位也得到了维持。关于这些，后文将会详述。

意大利的统一也给某些城市的发展带来一些负面的影响。其中，受负面影响最大的恐怕就是那不勒斯了。两西西里王国时代，在王国的保护下发展起来的造船业等那不勒斯的工业部门，在统一之后遭受了毁灭性的打击。这座城市中间阶层人数很少，主要是极少数富裕人口与大量贫困人口混杂居住，在统一之后，数次遭受霍乱瘟疫之祸。

特别是 1884 年的霍乱大流行，造成那不勒斯的大量人口死于非命。女作家马蒂尔德·赛拉奥在小说《那不勒斯之殇》中，对那不勒斯贫民窟的生活进行了描写。这部小说给整个意大利社会都带来极大的心理冲击。霍乱之祸的第二年，意大利制定了《那不勒斯城市开发法》。随后，那不勒斯对城市进行了大规模改造。原先的贫民窟被拆除，新的街道也得到了修建。另外，成为意大利首都并且城市规模日渐膨胀的罗马以及处于工业化进程中的米兰，也都开展了类似的大规模城市改造。

伴随着城市面貌的变化，作为传递信息与形成舆论的媒介，报纸的重要性也有了很大的提高。米兰的《意大利晚邮报》（1885 年创刊）、都灵的《新闻报》（1895 年创刊）、罗马的《信使报》（1878 年创刊）、那不勒斯的《晨报》（1892 年创刊）等至今仍在发行的报纸都创刊于统一后城市面貌发生巨变的时期。

移 民

统一之前，意大利各国就曾向欧洲多国及南、北美洲输送移民。其中，也有不少政治流亡者。统一后，意大利更是出现了规模空前的移民浪潮。这些移民大多以打工就业为目的前往国外。19 世纪 90 年代后期至 20 世纪初，这股移民潮达到顶峰。

根据意大利的移民统计数据，1876—1925 年的 50 年间，从意大利走出去的移民总数达到 1663 万。其中，近八成都是男性。这也说明，这个时期意大利对外移民中一大半人都是以返乡回国为前提的打工者。

《寻找丢失行李的意大利家庭》（引自列维・海因，《纽约》杂志，1905 年）

最初，移民大多来自中北部地区，渐渐地，南意大利也有很多人开始向外移民。特别是 20 世纪初，西西里的移民人数呈现爆发式增长。与其他欧洲国家相比，意大利移民的目的地多种多样。这也是意大利对外移民的一大特色。在全体对外移民中，前往美国的人数最多，约占总人数的 30%。之后是法国、阿根廷，分别约占 16% 和 13%。排在其后的移民目的地还有瑞士、奥匈帝国、德国、巴西等。

中北部地区的对外移民中，也有一些人前往南、北美洲，但更多人以阿尔卑斯山北侧的欧洲国家为目的地。与此相对，南意大利的对外移民则几乎全部前往南、北美洲。特别是在前往美国的意大利移民中，南方人的比例非常高。人们印象中意大利移民的形象可能大多源自前往美国的西西里移民。但意大利移民的实际情况是多种多样的。

以打工为目的，最终又回到故乡的人有很多。但也有一些人在移民目的地定居了下来，并在当地形成新的社区。他们大多经历了各式各样的歧视与排斥，不过也都渐渐融入了当地社会。然而，他们与故乡之间的纽带并没有被切断。意大利的侨民也让意大利与很多国家产生了密切的关系，特别是与南、北美洲的很多国家。这样的由移民、侨民联结起来的国家关系至今仍然存在，这一点决不能忽视。

乔利蒂时代的终结

克里斯皮时期入侵埃塞俄比亚失败之后，意大利的殖民兴趣逐渐转向利比亚（主要是黎波里塔尼亚与昔兰尼加）。1911 年 7 月，在英、法两国的争夺地——摩洛哥发生了一件德国军舰驶入港口的事件，即第二次摩洛哥事件。争夺北非控制权的局势瞬间高度紧张。已经重新回到首相位置上的乔利蒂，为实际控制利比亚，决定向利比亚当时的宗主国奥斯曼帝国开战。1911 年 9 月，乔利蒂政府向奥斯曼帝国宣战。

可是，战局并没有朝意大利当初设想的方向发展。战争出现胶着化、长期化的局面。于是，意大利军队又在爱琴海地区开辟了新战场。爱琴海地区遭到攻击之后，奥斯曼帝国陷入困境。最终，意、土两国在 1912 年的 10 月缔结了和平条约。而意大利也获得了利比亚。

这场战争让意大利国内的民族情绪高涨，但同时政治状况也开始发生重大变化。社会党中，一方面势力日渐壮大的革命派掌握了党的主导权，他们以反殖民战争的立场对乔利蒂进行了严厉的批判；另一方面，成立于 1910 年，在意、土两国开战之前就开展了很多鼓动侵占利比亚的宣传活动的意大利民族主义协会，却又批评乔利蒂的外交过于软弱。

1912年6月，利比亚战争尚在进行中，意大利制定了一部实质上对男子普遍选举权予以认可的法律。从确保议会稳定多数的角度考虑的乔利蒂，本来对普遍选举权持消极态度，但他的想法也在慢慢发生改变。1913年10月，意大利按照新选举法确立的规则，举行了议会选举。为了确保刚刚获得选举权的群体，特别是农民群体能够支持自己，乔利蒂与天主教加强了合作。结果，非但革命派掌握主导权的社会党弃他而去，以反教权主义为党纲的急进党也不支持乔利蒂的方针。

为了回避选举后的危机，乔利蒂决定辞去首相职务。1914年3月，右派的安东尼奥·萨兰德拉当上首相。此前已经三次执政的乔利蒂，原本是想这次危机过后找适当时机梅开四度重返首相位置的。但是之后，意大利的社会局势与国际形势都发生了剧烈变化。这一次，他的愿望没能实现。[1]就这样，乔利蒂的时代也落下了帷幕。

1　第一次世界大战之后的1920年，乔利蒂第四次出任首相，不过任期很短。

⑤ 世纪之交的文化

实证主义与反实证主义

19 世纪后期的意大利知识界，实证主义占据了主导地位。主张对事物按其本来的样貌进行观察、对社会进步持乐观态度的实证主义，在当时的欧洲有着很强的影响力。而意大利也同样出现了实证主义的潮流。

在这样的潮流之下，一种基于实证主义认识的理论在意大利产生了，这一理论就是犯罪人类学。犯罪人类学理论的创始人切萨雷·龙勃罗梭（1835—1909 年），出生于奥地利统治下的维罗纳。意大利统一后，龙勃罗梭长期在都灵等意大利各地的监狱里对死亡的囚犯进行医学鉴定。其“成果”就是，他找到了与生俱来具有容易犯罪的、肉体与精神特质的人的存在的证据。他提出的“天生犯罪人理论”与人种主义、优生学具有高度的亲合性。虽然现在他的理论已被否定，但在当时其理论有着极强的影响力。

与此相对，19世纪末的知识界也出现了一股否定实证主义的新思潮。在意大利，引领这一思潮的是“精英理论”的倡导者们。出生于巴勒莫的加埃塔诺·莫斯卡（1858—1941年）论道：在所有的政治体制中，拥有权力的永远都是有组织的少数人，所谓主权在于全体民众的民主主义是不成立的。另外，在其父亲的流亡地巴黎出生的维尔福雷多·帕累托（1848—1923年）因提出了经济学中的“帕累托最优理论”，常以经济学家的身份为人所知。但他也是“精英理论”的提出者之一。他曾说过：“历史只不过是精英之间的权力斗争。”

这些批判实证主义的潮流，在进入乔利蒂时代之后，又逐渐走向与乔利蒂的政治领导相敌对的反乔利蒂主义。

艺术活动与反乔利蒂主义

反实证主义的潮流并没有仅仅停留在学术界，其影响也波及了文艺界。20世纪初，意大利出现了一批代表这一潮流的杂志，如《列奥纳多》《赫尔墨斯》《声音》《莱采巴》等。这些杂志不仅发表文艺与文艺批评类作品，也刊载哲学考论与政治评论类文章。

特别是主办《列奥纳多》的乔万尼·帕皮尼（1881—1956年）与朱塞佩·普雷佐里尼（1882—1982年）从彻底不信任理性的角度，对实证主义进行了批判。他们还援引帕累托的理论，对民主主义、改良主义的社会主义以及首相乔利蒂流露出敌意。

既有艺术的彻底批判者——“未来派”也掀起了一场运动。在乔利蒂时代，这场运动就如同彗星一般划破了星空。1909年，菲利波·托马索·马里奈蒂（1876—1944年）在法国《费加罗报》上发表了《未来派宣言》。而“未来派”运动也以此为契机出现了。

马里奈蒂的父母都是意大利人，但他出生于埃及的亚历山大，而其求学生涯又是在法国度过的。他标榜破坏过去，主张以力量和速度把现代的时代特性找出来。“战争是世界的健康法则”这句口号恰如其分地反映出了马里奈蒂的思想。马里奈蒂主要进行诗歌创作，但“未来派”群体里也有不少画家、音乐家。他们的成员来自各行各业。他们富有挑衅性的言论常常引人瞩目，同时他们又开展了一些挑战既有政治、社会秩序的活动。

在世纪之交，还有一个人也成了时代的“宠儿”。这个人就是加布里埃尔·邓南遮（1863—1938年）。邓南遮出生于阿布鲁佐地区的佩斯卡拉。16 岁时，他就出版了诗集《早春》，令人刮目相看。此后，他又在罗马接连不断地发表了许多小说和戏曲作品。他的作品被视为世纪末的颓废文化在意大利的具体表现。

除作品以外，他也是各类丑闻的“宠儿”。比如，与爱莲诺拉·杜丝等众多女性传出艳闻，欠下了巨额债务，等等。第一次世界大战以后，他又出现了“突飞性”的变化，并开始以政治性表演冲击着意大利社会。

第9讲

法西斯时代：20世纪前期

国家巴里拉协会的少年们

1915 年	意大利参加第一次世界大战
1919 年	巴黎和会 墨索里尼在米兰组建“战斗的法西斯”组织 邓南遮占领阜姆 “红色的两年”（—1920 年）
1920 年	博洛尼亚市长在就职仪式上遭到法西斯主义分子袭击
1921 年	意大利共产党成立 国家法西斯党结党
1922 年	“进军罗马”，墨索里尼当上意大利首相
1924 年	马泰奥蒂事件，反法西斯主义者组建“阿文提诺联盟”
1925 年	墨索里尼在议会发表“用力量统治”宣言 “谷物战争”宣言 “全国德・坡拉波罗协会”与“全国母婴协会”建立
1926 年	“全国巴西里拉协会”建立 反法西斯主义者陆续流亡
1929 年	意大利政府与教廷签署《拉特兰协定》
1933 年	建立“产业复兴机构”
1935 年	埃塞俄比亚战争开始（—1936 年）
1936 年	干涉西班牙内战
1938 年	制定所谓的“人种法”
1939 年	意大利与德国签订“钢铁协议” 第二次世界大战爆发，意大利宣布自己为“非交战国”
1940 年	正式参战（第二次世界大战）

续表

1943 年	盟军在西西里登陆，与意大利签订“停战协定” 盟军控制下的南部与附随轴心国的北部分裂 民族解放委员会成立（抵抗运动开始） “意大利社会共和国”建立
1944 年	罗马解放，佛罗伦萨解放
1945 年	北意大利解放

四年前，我曾见到过领袖（墨索里尼），那是在贝佳斯公园里。他骑着马，而我停下了脚步。他在骑马飞奔而过的时候，看了我一眼。我的体内顿时热了起来。手里拿着购物篮子的我，无法站立了，头脑里也是一片漆黑。我晕了过去。在过路人的帮助下，我清醒了过来。这一天，我才知道我怀孕了。

——埃托雷·斯科拉导演，《特别的一天》（1977 年，安东涅塔的台词）

1 第一次世界大战与战后的混乱

大战的爆发与意大利的参战

在萨拉热窝事件一个月后的 1914 年 7 月 28 日，奥地利对塞尔维亚宣战，第一次世界大战正式爆发。但意大利立即宣布局外中立。意大利政府认为，它与德、奥签订的“三国同盟”[1] 是以防卫为宗旨的条约，而奥地利的开战原委并不构成意大利履行同盟条约参战的条件。

当时的意大利，还没有从利比亚战争带来的军事和财政上的沉重打击中恢复过来。此时距利比亚战争的结束，才刚刚过去不到两年，意大利根本没有剩余的力量进行一场新的战争。最近的学界研究中，出现了把利比亚战争、两次巴

1　即德意奥三国同盟。

尔干战争（1912—1913 年）、第一次世界大战的爆发当作东地中海世界历史上整体性的一系列事态解读的倾向。对意大利来说，它才刚刚结束了一场第一次世界大战的“前哨战”。因此，对于是否参战，意大利国内存在着彼此对立的“参战派”与“中立派”两派。

中立派的首领是乔利蒂。他鉴于意大利的国力，认为意大利无法承受欧洲规模的大型战争。此外，教廷、意大利社会党也从各自的立场出发，反对意大利参战。

相应地，主张参战的人也是多种多样的。“意大利民族主义协会”的“民族主义”分子从扩张领土的角度，提出了参战的主张。“未来派”为了“毁坏”过去而寻求战争。另外，民主派中也有一群被称为“民主参战派”的人，他们认为，为了捍卫他们的民主主义，意大利应该对德、奥两国开战。

在国内两派争论不休时，萨兰德拉内阁实际上已经与同盟国、协约国双方进行了数次秘密交涉。最终，内阁决定站在以英、法为中心的协约国一方，向德、奥两国宣战。但是，议会中的多数派支持中立，参战方案受阻的首相萨兰德拉也因此下台。不过，在“未来派”、邓南遮等鼓动参战的街头演讲作用下，内阁的参战方案峰回路转。在乔利蒂拒绝复出担任首相（他为何做出这样的举动，原因至今不明）之后，议会也转向支持参战了。1915 年 5 月 24 日，意大利向奥地利宣战。

意大利战线与巴黎和会

对意大利来说，这场战争的主战场位于意奥国境线上的伊松佐河地区和阿奇亚戈高原地区。战局呈胶着状态，意大利白白付出了大量伤亡的代价。在这场山地战中，意、奥两军近距离地夹河对峙。战场上弥漫着令人窒息的压迫感。当时以士官身份在意军服役的埃米利奥·鲁斯，在其著作《战场的一年》（1938 年）中对此情景有详细的描写。

革命之后的俄国退出了战争，这给意奥战场的形势带来了很大的变化。1917 年 10 月，得到德军支援的奥地利向意奥战场一下子倾注了大量兵力。在伊松佐河岸的卡波雷托，意军大败。奥军甚至还短暂地攻进了意大利的境内。至今，意大利语中的“卡波雷托”还常被用来隐喻“陷入苦境”的状态。

不过，进入 1918 年之后，战局开始朝有利于协约国的方向推移。10 月，意大利的军队在威尼托地区的维托里奥·威尼托收获了一次对奥作战的胜利。这次胜利之后，意大利相继与奥、德两国签订停战协定，并以“胜者”的身份终结了这场战争。意大利的第一次世界大战就此结束。战争中，意大利共动用了420万人的兵力，付出了65万官兵死亡以及50万官兵伤残的巨大代价。

无论是意大利政府，还是意大利国民，都对胜利的果实抱有过高的期待。直到1919年1月维也纳和会开始之后，他们才知道这只不过是虚幻的一厢情愿罢了。虽然特伦托地区和的里亚斯特一带被划给了意大利，但伊斯特利亚半岛、达尔马提亚等意大利提出领土要求的地方却未能如愿划给意大利。的确，威尼斯共和国统治过这些地区。但在整个19世纪，“南斯拉夫民族”的思想认同已在这一地区深入人心。同时，讲意大利语的居民也所剩无几了。“一战”后，根据民族自决原则，中东欧地区要建立起新的国家。在这样的形势下，意大利的领土要求当然不会得到满足。

但是，在意大利国内，很多人都无法接受这样的结果。不满的情绪终于爆发。1919年9月，邓南遮组织的私兵闯进伊斯特利亚半岛的港口城市阜姆。他们在城中列队示威，并随后军事占领了这座城市。这一事件的背后，应该有以意大利军队内部人士为首的部分官方人员的鼓动。

此后一年多的时间里，阜姆处于邓南遮组织的“执政府”的控制之下。这个地方聚集了很多反乔利蒂主义的，甚而是与自由主义国家本身敌对的各色人等，其中既有左派，也有右派。颇具讽刺意味的是，1920年乔利蒂复出担任首相之后，很快便捣毁了这个“邓南遮政权”。乔利蒂与新国家南斯拉夫缔结了《拉帕洛条约》，从而第一时间解决了两国的边界问题。而邓南遮也被乔利蒂动用武力从阜姆赶走。

“红色的两年”

大战期间，政府为了进行总体战，构筑了战时经济体制。战时国债的大量发行，提高了兵器工业和汽车工业的生产总量。整个意大利的工业部门都有了一定的发展，菲亚特等部分企业也成为巨型企业。但是，战争一结束，各种“反作用力”也接踵而至。政府需求的锐减，让经济增长遭受了严重打击。士兵的大量复员又导致失业人数急剧攀升。宏观经济上，财政赤字不断扩大，通货膨胀也随之亢进。城市里，粮食不足的问题更是日益深刻。民众的生活甚至比战争期间还艰苦。

在这种状况下，民众的不满情绪愈发高涨。这种情绪上的不满逐渐演变为各种形式的民众骚动。1919—1920年，意大利各地频繁发生罢工罢市、抢夺工厂农地的事件。后来，这两年也被称为“红色的两年”。

民众骚动首先在农村地区发生。要求提高工资、改善雇佣条件的农业工人，要求改善租种合同的半佃农，等等。各种范畴、各种类型的农业劳动者都挺身而出，站了起来。特别是在南意大利，农业劳动者抢夺土地的事件与运动更是频繁发生。

从农村开始的骚动波及了城市。特别是在都灵，以汽车工厂为中心的金属机械产业工人们建立了自己的“工厂委员会”。他们以“工厂委员会”为依托，开展着建立工人权力的运动。工人的反抗也发展为一场抢夺工厂的运动。重新执政的乔利蒂巧妙地采取了一些调整劳资关系的举措，才使这场工人运动得以平息。不过，在自由主义政治高层眼里，组织化的工人运动具有的强大力量已成为当局的一大威胁。

人民党与社会党

1898 年的“世纪末危机”出现之际，“红”（社会主义势力）与“黑”（天主教势力）被视为自由主义国家之敌，并成为政府弹压的对象。但是，第一次世界大战之后，二者都得到了各种农民协会、工人协会、互助协会等大众组织的支持，并登上了意大利政治与社会的中心舞台。

1919 年 1 月在罗马成立的意大利人民党是意大利第一个天主教政党。建党时的领导人是西西里出身的神职人员路易吉·斯图尔佐（1871—1959 年）。人民党的党员主要由被称为“教权稳健派”的政治、财经、媒体界实力派人士，以及以天主教系统的工人协会、农村金库、互助协会等大众组织为基础的基督教民主主义者构成。斯图尔佐属于后者。1919 年 11 月，意大利举行议会下院总选举。首次参选的人民党赢下了下院的 100 个议席，一举获得下院第二大党的地位。

战前就在议会中构筑了稳固基础的社会党，在战后也实现了跃进。战前的社会党仅有中央组织，在地方上，党要依靠地方上的工会、合作社开展活动。战后，社会党在各地建立了党支部网络，而党的形象也被调整为大众型政党。在 1919 年 11 月举行的下院总选举中，社会党获得 156 个议席，成为下院第一大党。

特别是在农业工人较多、农业工人组织化程度较高的波河中下游地区，农民协会让雇主方面同意了他们提出的禁止雇用非协会会员的要求。这样，就有更多的农业劳动者加入了协会。因此，在波河中下游地区，得到大众支持的社会党在很多基层自治体中掌握了市政。通过生活互助协会、业余活动协会，他们在居民生活的各个方面都能发挥着自己的影响力。这样，意大利波河中下游地区出现了被称为“自治体社会主义”的状态与现象。

但是，与战前的情况如出一辙，战后的社会党内部也是派系林立、暗潮涌动。他们之间围绕着党的主导权进行的争夺十分激烈。革命成功后的俄国建立了社会主义制度。在如何评价俄国革命的问题上，意大利社会党内部出现了激烈的路线对立。

最终，以领导过都灵“工厂委员会”运动的安东尼奥·葛兰西（1891—1937 年）为中心的“最左派”脱离了社会党。1921 年 1 月，他们建立了意大利共产党。1922 年 10 月，社会党内主张对当局妥协的“改良派”被社会党除名。他们另行组建了统一社会党。就这样，在成为下院第一大党后不到三年的时间里，社会党就分裂成了三个政党。

❷ 法西斯政权的建立

墨索里尼

在大战之后社会的组织化、大众化进程中，一股新的政治势力登场了。这个势力就是法西斯势力。他们的活动被称为“法西斯运动”。这场运动很难与其领导者贝尼托·墨索里尼（1883—1945 年）切割开进行讨论。

墨索里尼出生于农民运动十分活跃的波河下游艾米利亚 - 罗马涅地区的费拉拉省。他的父亲是一名倾向于社会主义的锻冶工匠，母亲是一名虔诚的天主教小学教师。受其父亲影响，青年时代的墨索里尼对社会主义运动产生了兴趣。后来，他加入了社会党。在党内，他展现出超群的辩论才能，并以革命派旗手的身份崭露头角。1912 年，墨索里尼当上了社会党机关报《前进报》的主编。这样，不到 30

岁的墨索里尼已经成为社会党重要岗位上的干部。

但是，第一次世界大战爆发后，墨索里尼违反社会党的方针，支持社会上的参战论调。他也因此被社会党除名。利用战争期间的混乱局面实现“革命”目标，是墨索里尼的一贯主张。在被社会党除名前后，他自己创办了刊物《意大利人民报》。这份报纸虽然一度陷入资金不足的危机，但后来得到了财经界的支援。这份报纸由此集结了很多参战论分子。

“一战”结束后不久的1919年3月，墨索里尼在米兰的圣塞波尔克罗广场举行集会。在集会上，他建立了“战斗的法西斯”组织。“法西”一词本来有“团结”的词义。在19世纪末的民众运动中，当时的民众常常使用这个词。他们的纲领中有一些设定最低工资、没收战争暴发户战时得利的内容，其设定的目标里也有追求“财富平等”的条目。

但实际上，这个组织大肆礼赞意大利在大战中的胜利，也强烈主张应以战胜国的身份扩张领土。因此，它与社会党有着明显的差异。参加墨索里尼米兰集会的人大多为“未来派”活动家、复员士兵以及大战中执行奇袭战等危险任务的突击敢死队队员等。他们都是在战争中倾向激进民族主义的人。

这些对布尔什维主义抱有很大敌意的人，并不想走暴力革命路线。他们选择了以议会选举扩大支持面的战略。1919年11月，墨索里尼的“战斗的法西斯”参加了议会下院总选举。不过，其成员没有一人当选。该组织的第一次参选以惨败收场。但是，这也使他们认识到自己没有组织基础的弱点。

农村法西斯主义与国家法西斯党的组建

在北意大利以波河中下游为中心的地区，出现了一种由社会党主导的“自治体社会主义”。不过，当地社会的中、上阶层也出现了不少反对社会党举措的动向。社会党的举措，不仅招致地主、农场主的厌恶，也引起自耕农、借地农、商店经营者等社会中间阶层的反感。在这些反社会党的群体中间，还出现了试图用暴力打倒社会党“自治体社会主义”的运动。这场运动被称为“农村法西斯主义”。这些一身黑衣的人，在当地头领（他们称当地的头领为“拉斯”，这个词是埃塞俄比亚语单词，原意为“首领”）的指挥下组成党徒，开展着以社会主义者为目标的袭击活动。

这类暴力活动的象征性事件是1920年11月在博洛尼亚发生的社会党市长就职仪式遇袭事件。法西斯分子使用枪支和炸弹对市长的就职典礼进行了破坏。这一事件给社会党的重要根据地——博洛尼亚的市政带来了严重的打击。在军队与警察中，存在不少对社会党抱有敌意的人。有时候，他们对社会党党员采取的取缔措施甚至比对法西斯成员更严厉。因此，法西斯分子逐渐将社会党的支持基础破坏、瓦解了。

“拉斯”们虽然在其所在的区域具有影响力，但仅凭他们自己难以做到跨地域的横向协作。为了实现横向协作，“拉斯”们寄希望于在全国范围内有一定知名度，“战斗的法西斯”的头领墨索里尼。而墨索里尼在1919年议会选举失败的重挫下，也意识到自己的组织缺少大众基础，希望与势力急剧扩大的农村法西斯进行合作，进而将农村法西斯编入自己的组织，让其听从墨索里尼的统一指挥。

在法西斯分子策划的暴力活动持续扩大的情况下，当时的首相乔利蒂有意识地将其往非暴力化、体制化的方向引导。1921年5月举行议会总选举之际，首相乔利蒂将法西斯分子拉进了主要由自由主义者组成的政党联合体“国民联盟”。结果，以墨索里尼为首的35名法西斯分子在这次选举中成功当选下院议员。

选举刚刚结束，里格利亚地区的地方法西斯组织就与官方发生了冲突。冲突中，很多法西斯分子遭到逮捕。这时，墨索里尼也意识到对法西斯分子进行组织化、体制化改造也不失为一个良策。1921年8月，墨索里尼与社会党签署

“和平协议”，并停止了对社会党开展的暴力活动。这一举措也是墨索里尼推出的法西斯组织体制化改造诸项举措中的一项。但是，墨索里尼的这项方针遭到了地方法西斯组织的强烈反对。墨索里尼的影响力、领导力也因此动摇。为此，墨索里尼于 1921 年 11 月召集法西斯分子干部开会。会上，墨索里尼实现了法西斯的政党化，同时也通过此举让他的权威得到了地方“拉斯”们的承认。这个政党化的法西斯组织就是国家法西斯党（PNF）。

成功解决组织分散问题的法西斯再次加强了对社会主义者的攻击。他们迫使社会党地方支部、农民协会、互助协会等组织解散。而这些协会的会员则被法西斯纳入自己的组织。就这样，法西斯取代社会党，掌握了地方自治体的权力。但是，他们又意识到，想要保住这些权力，他们还必须进一步获得国家权力。

“进军罗马”与独裁之路

1922 年 9 月，墨索里尼放弃了自己一直以来所声称秉持的共和主义，转而明确表态支持王政。墨索里尼此举是为了获取国家政权。他希望通过自己明确的表态，扫除宫廷和保守派原先对法西斯抱有的不安情绪。

10 月，法西斯分子以罗马为终点，开始示威游行。这场示威游行，即所谓的“进军罗马”。“进军罗马”更多的是一种象征性、仪式性行动，但也产生了威吓议会与国王的巨大效果。首相法克塔请求国王发布戒严令，但国王维托里奥·埃马努埃莱三世的回应却是：解除法克塔的职务，任命墨索里尼为首相。

新成立的墨索里尼内阁是法西斯党与自由主义者、人民党、民族主义者的联合政权。因为当时，在下院中法西斯党所占议席的比例尚不足一成。就任后不久，墨索里尼就设置了一个高于政党与政府的机构——法西斯大参议会。1923 年，他制定了新选举法。该法规定，得票最多的政党可以获得议会三分之二的议席。1924 年 4 月，意大利举行了基于新选举法的议会总选举。选举过程中，法西斯分子使用暴力驱使警察对反对派的选举活动进行了干扰和阻挠。于是，国家法西斯党在选举中获得了“压倒性的胜利”。

在选举后召开的议会上，统一社会党总书记吉亚科莫·马泰奥蒂对选举中法西斯的暴力行径进行了控诉。但很快，他便失踪了。后来，人们发现了他的尸体，而嫌疑犯就是法西斯分子。事实上，也有法西斯分子因此遭到逮捕。以社会党为首的在野党组建了反抗法西斯的“阿文提诺联盟”，他们推出了拒绝议会审议的战略。墨索里尼遇到了就任首相后最大的一场危机。不过，“阿文提诺联盟”并没有拿出更多的对抗方针，最终墨索里尼也算是成功渡过了这场危机。

1925 年 1 月 3 日，渡过危机的墨索里尼在议会发表题为“用力量统治”的宣言。其后，他又推出了一连串的政策。墨索里尼通过这些政策，在独裁的道路上越走越远。在限制国民权利方面，他推出了“结社规制法”“定期刊物规制法”“公务员免职法”等法律。他用强化首相与省长权力的方式，扩大了行政机构的权限。地方上，市镇村长的任用被改为了任命制，原先的选举制度被取消。市镇村长的官职名称开始改用中世纪的称谓“波德斯塔”。另外，墨索里尼还制定了“国家防卫法”，并新设立了秘密警察（OVRA）。

更有甚者，墨索里尼还取消了所有加入“阿文提诺联盟”的议员资格，并下令解散所有反对法西斯的政党与团体。因此，1926 年，意大利不断有人向国外逃亡。他们主要逃往法国。不仅如此，法西斯党本身也在逐步集权化，党内不同的意见遭到了清除。就这样，法西斯完成了独裁体制的构建。

❸ 法西斯体制与意德日缔约

极权主义化

独裁体制建立后，为了将所有意大利国民法西斯化，墨索里尼和法西斯党又以“极权主义”的名目，开展了意图对所有国民进行组织化的行动。“极权主义”本来是反法西斯主义者用来批判法西斯的词汇。而法西斯却把它作为一个具有国民一体化、同质化含义的概念使用。

为了制造出“极权主义”的国民，法西斯积极且强势地介入人们的私人生活。这是过去自由主义国家体制时期从未出现过的行为。法西斯对人们的业余活动、生育以及青少年日常生活等方面进行的介入与干涉，是其中最为典型的事例。

1925 年建立的“全国德坡拉波罗（‘余暇’之意）协

会”是一个与人们的业余生活、休闲活动有关的法西斯机构。体育运动会、社交舞会、演唱会、歌剧、电影、团体旅游等都属于这个机构的“业务”。此外，这个机构还对购物、农业等方面实施“指导”。总之，它的“业务”范围非常广泛。截至 1936 年，这个机构已经拥有近 300 万名会员。特别是在城市的白领群体中，该机构的渗透十分广泛、深入，以至于现在意大利还有电影院等大众娱乐场所使用这个机构当年修建的建筑物。

“全国母婴协会”（1925 年建立）主要进行孕妇与新生儿的“健康管理”。从 20 世纪初开始，意大利的人口出生率就出现了下降的趋势。法西斯政权知道这一情况。而法西斯政权又把人口视为国力的源泉，为了制造人口，扩张国力，他们设立了这个协会。这是法西斯设立“全国母婴协会”的根本目的。“全国母婴协会”建立之后，法西斯政权以这个协会为中心，陆续推出了很多奖励多生多育的政策。

与此同时，“全国母婴协会”还对单亲母亲及非嫡生子采取了一些“保护”措施。不过，这其实也是法西斯对“传统道德”崩溃的一种监视。该组织虽然标榜以促进女性健康为宗旨，但实际上法西斯的组织里充满男权主义与蔑视女性的思想。

“全国巴里拉协会”（1926 年建立）是一个以 18 岁以下

青少年为对象的法西斯组织。这个组织在学校教育之外对青少年开展军事训练、“职业训练”，也举办一些“体育与文化活动”。“巴里拉”原本是18世纪热那亚一位爱国少年的名字。

国家法西斯党的党歌名为《青春》。就像党歌名称所象征的那样，法西斯主义偏爱年轻与青春。但是，“青春”并不仅仅是法西斯意识形态的口号。法西斯政权希望通过训练出彻底的法西斯化青少年来实现将来全社会的法西斯化。他们是出于这样的目的才重视青少年“教育”的。截至1936年，七成以上的适龄男子、约半数的适龄女子都成为“巴里拉协会”的会员。法西斯通过此举将青少年组织了起来。

最近的研究认为，法西斯建立的这些“社团协会”并没有发挥法西斯所期待的作用。法西斯原本希望通过这些组织机构让大众认可他们的体制，但该用意未能得以实现。从体制认可的角度讲，这些“社团协会”以失败告终，是目前学界的一般共识。

虽然“社会的极权主义化”并没有真正实现过，但法西斯为实现“社会的极权主义化”所采取的这些举措，切实体现出法西斯主义的一个重要特质——对私人生活的过度干涉。另外不要忘了，意大利这些法西斯社团的存在，也给德国纳粹政权的政策带来了不少影响（比如，纳粹的业余活动组织“快乐力行团”）。

社团主义与《拉特兰协定》

法西斯政权在独裁体制建立后，放弃了过去的经济自由主义。在经济领域，他们开始强化国家对经济活动的干涉。当时，意大利的谷物自给率比较低下。为了提高谷物自给率，法西斯政权在提高粮食关税率的同时，推出了一些提高产量的政策。对罗马周边的沼泽地进行排水开垦，就是其中的一个环节。他们把农民运动曾经较为兴盛的波河下游地区的农业工人迁至排水开垦后的新耕地，让他们成为自营农民。

另外，法西斯把货币汇率的高低视为国家威信的象征。因此，他们有意地把意大利里拉向高汇率引导。为此，他们推出了一系列引导汇率的政策。他们把自己的粮食政策、货币政策称为“粮食战争”“里拉战争”。

法西斯推出的经济政策中，“社团主义”是学界关注的重点。“社团主义”是法西斯标榜有别于资本主义和社会主义的第三条道路。“社团主义”主张建立一个由劳资双方代表共同组成的国家机构——社团部，劳资双方产生的各种各样的问题都由社团部负责解决。

在意大利国家体制向独裁体制转变的过程中，法西斯“工会”已经独占了代表工人与经营者团体交涉的权利。当然，社会主义系统的工会与天主教系统的工人团体都已被迫解散。1928 年，法西斯曾讨论将下院改组为由经营者团体、法西斯“工会”等各团体代表构成的议会。

不过，下院的改造未能实现。“社团”这个机构虽然有了，但它并不是按照“社团主义”当初设想的那种实体形式建立起来的。在法西斯“工会”看来，设立“社团”的那些政策会降低他们与政府交涉的能力，法西斯“工会”也会因此虚弱化。不过，这种在劳资协调的方式下提高国家生产力的想法，在同时代的葡萄牙、阿根廷等国也具有一定的影响力。

墨索里尼在强化政权基础方面，还面临一个问题——如何与教廷实现“和解”。1929 年 2 月意大利政府与教廷签署的《拉特兰协定》让这个问题得到了解决。

这个“协定”由《教廷与意大利政府间的条约》《政教协约》《财务协约》这三份文件构成。在这份条约中，意大利政府承认“梵蒂冈城国”是一个主权国家。就这样，1870 年意大利王国占领罗马以来的“罗马问题”也画上了句号。“政教协定”对在中等教育中引入宗教教育、教会婚姻的法制化、保障宗教活动自由等方面做出了规定。

虽然“罗马问题”是在法西斯政权之下得到最终解决的，但在此之前，意大利自由主义政府已经在暗地里与教廷开展了大量的和解工作。《拉特兰协定》仅仅是自由主义政府开展的一系列工作的终点而已。因此，把“和解”看作墨索里尼的成果来强调的做法是片面的。

通过这个协定，墨索里尼从天主教徒那里成功获得一定的支持。但从引入宗教教育等方面考虑的话，教廷是赢得更大利益的一方。由于天主教团体的存在与活动得到了墨索里尼的允许和认同，天主教的青少年组织的活动也得以维持。实际上，天主教社团、天主教青少年组织所开展的活动，从墨索里尼的体制内部，阻碍了法西斯政权让全体国民法西斯化、极权主义化目标的实现。

世界性经济危机与政策转变

1929 年 10 月从美国开始的世界性经济危机，在第二年年底也波及了意大利。意大利同时出现失业人数大增和工人工资大幅度下降的状况。虽然处于独裁体制之下，但是社会上还是出现了很多罢工与抗议活动。鉴于这样的情况，法西斯政府不得不在很多方面作出政策调整。

国家法西斯党在取得政权之后，曾对党内持有异议的人采取除名等措施，其党员数也因此得到“精简”。但是，世界经济危机来袭之后，在所谓的“党体制的毛细血管”口号下，法西斯推出了将其党组织渗透到社会各个领域的政策。为此，国家法西斯党开展了很多吸纳新党员的活动。20 世纪 30 年代末，法西斯党的党员数已增至 260 万。与此同时，对墨索里尼的个人崇拜也得到了强化。

在遭受经济危机直接打击的经济领域，法西斯政府设立了“意大利动产机构（IMI）”与“产业复兴机构（IRI）”两个用于加强国家经济统治的机构。前者是对银行进行“救助”的机构，后者则是为获取银行所持有的企业股份而设立的机构。通过这两个机构的配合运作，钢铁、造船、海运等领域的大型企业，事实上成了在法西斯国家保护伞下运营的机构。

另外，法西斯政府还对诞生于自由主义时期的“公库”进行“扩充改造”，并在此基础上设立了“全国法西斯社会保险机构（INFPS）”“全国法西斯劳动灾害保险机构”等“社会福利”机构。法西斯政权崩溃后，“二战”后建立起来的第一共和国改组接收了这些法西斯时期的“社会福利”机构。

20 世纪 30 年代，意大利的很多城市开展了城市改造工程。此举，也是为了吸纳部分失业人口就业。意大利的首都罗马，是一个被法西斯从理念上给予特别重视的城市。为了突出强调古代遗迹的存在，罗马城内部分 16 世纪以后建设起来的街区遭到清理。同时，罗马市内还修建了很多笔直的大道。法西斯把这样的大道用于阅兵游行。

外交政策的转换与埃塞俄比亚战争

从墨索里尼创建“战斗的法西斯”起，法西斯就一直持有对外扩张的理念。不过，20 世纪 20 年代，在当时国际社会的协调主义潮流之下，意大利采取了比较“平稳”的外交政策。但这并不意味法西斯失去了领土扩张的意愿。1926 年，意大利法西斯政府与阿尔巴尼亚签订《地拉那条约》。法西斯通过此举对最终将阿尔巴尼亚纳入自己的势力范围进行了布局。

20 世纪 30 年代，经过世界性经济危机，意大利法西斯的外交政策出现了明显的变化。法西斯外交政策的变化首先体现在其对利比亚的控制方面。20 世纪初，意大利对利比亚进行了殖民，但当时意大利控制的区域仅限于沿海的绿洲城市。20 世纪 20 年代末，意大利法西斯的军队开始对利比亚的内陆地区进行军事侵略。在使用武力打败由伊斯兰神秘主义教团赛努西派领导的抵抗力量之后，意大利法西斯控制了利比亚的内陆地区。在此过程中，意大利法西斯不仅设置了集中营，而且还对大量俘虏进行了非人的虐待。

紧接着，意大利法西斯又于 1935 年 10 月对埃塞俄比亚发动军事侵略。早在 19 世纪 70 年代，意大利就已对埃塞俄比亚虎视眈眈，企图将其收为殖民地，但没能成功。在国际联盟（后文简称“国联”）成立时，埃塞俄比亚加入了国联。意大利法西斯对埃塞俄比亚进行的军事侵略行动，是对国联成员国的侵略行为。因此，国联对意大利进行了经济制裁。

虽然如此，意大利法西斯还是对国联的制裁无动于衷，置之不理。在发动侵略战争的第二年的 5 月，也就是 1936 年 5 月，意大利法西斯攻陷了埃塞俄比亚首都亚的斯亚贝巴。其后，法西斯在此建立了所谓的“意领埃塞俄比亚帝国”。在侵略埃塞俄比亚的战争中，法西斯使用了化学武器芥子气。

对埃塞俄比亚的侵略让法西斯控制下的意大利倍受国际孤立。因此，它迅速开始接近纳粹控制下的德国。墨索里尼最开始对希特勒是抱有一定警戒心理的，但在国际上已经没有太多回旋余地的墨索里尼最终还是与纳粹德国站在了一起。1936 年 7 月，西班牙发生内战。法西斯意大利与纳粹德国一起支援了弗朗哥，对西班牙内战进行了干涉。10 月，意、德两国外交部长举行会谈。会后，墨索里尼将两国关系表述为“罗马 - 柏林轴心”。

1937 年 9 月，墨索里尼对纳粹德国进行了访问。11 月，意大利加入所谓的“日德防共协定”。就这样，所谓的“日德防共协定”变成了所谓的“日德意防共协定”。12 月，法西斯意大利又追随日本与德国，退出了国际联盟。1938 年 5 月，希特勒访问意大利。9 月，两国又在慕尼黑举行了会谈。1939 年 5 月，意大利与德国缔结了所谓的“钢铁同盟”。渐渐地，墨索里尼成为希勒特的跟班。墨索里尼已经无法脱离希特勒开展外交活动了。此时，世界大战已迫在眉睫。

在接近纳粹德国之后，意大利法西斯于 1938 年 9 月制定了所谓的“人种法”。这个“法律”禁止犹太人担任公职，禁止犹太人在大学中任职。因此，这是一个明确的“反犹法律”。一般认为，法西斯制定这个“法律”是为了向纳粹交出一份“投名状”。但事实上，19 世纪以来，意大利本身就存在一定的反犹主义知识分子。这个国家与反犹主义并不是完全没有干系的。这一点，不应该被忽视和忘记。

④ 第二次世界大战与反法西斯抵抗运动

第二次世界大战的战局

1939 年 9 月 1 日，德军入侵波兰，第二次世界大战爆发。[1] 当时，意大利自称“非交战国”，没有立即直接参战。一方面是因为意大利还没有为战争做好充分的准备，另一方面是因为其国内以天主教会人士为首的很多人对参战仍持有慎重的立场。这样的情况，仿佛是第一次世界大战爆发之初情景的重现。

但是，看到德军在战场上顺利推进之后，墨索里尼也下定决心参战。1940 年 6 月，意大利向英、法两国正式宣战。

1　原作的这句话是就“二战”的欧洲战场而言的，中国反抗日本军国主义的抗日战争早在1931年就已经开始了。

9 月，日、德、意三国同盟缔结。在此前后，意大利开始入侵埃及与希腊。

在德军的援助下，意大利最初扩大了自己的战线。但在1942 年下半年，战局开始朝对意、德两军不利的方向发展。1942 年 11 月，在埃及的阿拉曼，意、德两军完败于英军。之后，意大利又接连败退。在阿拉曼战役的前一年，意大利也向苏德战场派出了军队。而在苏德战场上，意大利也是一败涂地。此时的意大利法西斯，已经渐露败色。

墨索里尼的下台与停战协定

1943 年 7 月 10 日，以英、美两国军队为主的盟军在西西里登陆。已经意识到将要失败的意大利宫廷、军队高层以及法西斯党干部中的一部分人，决定将战争的责任推给墨索里尼。7 月 24 日至 25 日，意大利高层发生了一系列后来被称为“宫廷政变”的变故。经过这次变故，墨索里尼的首相职务遭到解除，原陆军参谋总长皮埃特罗·巴多里奥（1871—1956 年）成为首相。墨索里尼被逮捕，并处于一种类似于软禁的状态。

在盟军不断对意大利很多城市进行轰炸的情况下，巴多里奥政府虽然表面上仍主张继续推进战争，但暗地里已经与盟军进行了交涉。1943 年 9 月 3 日，意大利与盟军签订了停战协定。

9 月 8 日，盟军公布了这一协定。但这个日期，并不是意大利方面原本计划公布的日子。盟军公布协定之后，国王与巴多里奥政府全部逃往盟军占领下的意大利半岛南部地区。这是因为，意大利的这一决定会被德军视为“背叛”。为了躲避德军的报复，他们选择了逃离罗马。但是，国王与政府逃出罗马后，国民就成了报复的对象。他们的出逃行为也是对国民的一种背叛。战后，意大利宫廷真正尝到了甩下人民，逃出罗马的苦果。

“意大利社会共和国”与参与屠杀犹太人

在盟军登陆西西里至停战协定公布的这段时间里，西西里与南意大利被盟军解放。而为了对抗盟军北上，德军占领了那不勒斯以北地区。因此，在此后一年多的时间里，意大利的南部与北部一直处于割裂的状态。

德军把被软禁的墨索里尼营救了出来，并将其带到北意大利。之后，墨索里尼在加尔达湖畔的小镇萨洛又建立了一个“新政权”，名为“意大利社会共和国（RSI）”，通称“萨洛共和国”。

在这里，墨索里尼回到了法西斯主义理念的原点，并推出了一些让人啼笑皆非的政策。比如，废除王政，推行宗教自由；没收民间企业，将这些企业收归法西斯政府经营。另一方面，他毫不犹豫地将那些把他赶下台的法西斯干部处以极刑。法西斯党的武装组织“黑色旅团”也时常对普通市民施以暴力。

“意大利社会共和国”是一个彻头彻尾的纳粹傀儡国家。傀儡国家的性质决定了它一定会与纳粹德国进行全方位的协作。战争让德国陷入劳动力严重不足的状态。为此，大量意大利劳工被送往德国本土或其他德军占领地。这仅仅是傀儡国家配合纳粹的一个事例。在法西斯所做的配合德军的行动中，最重大的就是参与屠杀犹太人。

与其他所有德军占领地一样，“意大利社会共和国”境内也有大量犹太人被送往灭绝犹太人的集中营。在运送犹太人的过程中，法西斯分子不但对德军进行了支援，而且直接参与了运送。1944 年 4 月，的里亚斯特郊外的圣萨巴也修建了一座集中营。虽然其规模不大，但在性质上也是一座种族灭绝的设施。

就这样，共有约八千名犹太人从北意大利被送往了欧洲各地的犹太人灭绝集中营。这些人中，最终生还的不足一千人。在少数生还者中，有一位名为普利莫·莱维（1919—

1987 年）的人。他在以《这是人间吗》（1947 年，日译版书名为《强制集中营没有尽头》）为代表的很多作品中，用自己悲惨的体验对纳粹的罪行进行了控诉。“意大利社会共和国”参与屠杀犹太人的历史，让它被永远钉在耻辱柱上。

抵抗运动的开始

在 1943 年以后的意大利中北部地区，越来越多的人自发地拿起武器，反抗纳粹德国与法西斯的统治。这样的抵抗活动在 1943 年以后急剧增加。这就是意大利人的反法西斯抵抗运动。

由于法西斯在意大利建立了独裁统治体制，因此意大利人的反法西斯活动最初都是由逃亡者在以法国为中心的国外开展的。1929 年，卡尔洛・罗塞利等人基于激进的自由主义理念创建了一个名为“正义与自由”的组织。这个组织得到了很多人的支持，其中，知识分子人数最多。后来，罗塞利在流亡地遭到暗杀。这表明，法西斯政权从他那里感到了极大的威胁。

虽说很多人在流亡地进行了反法西斯的活动。但很明显，仅在流亡地开展活动，是无法在意大利国内产生影响力的。最初，除共产党的地下活动外，整个意大利国内的反法西斯活动都处于一种低迷的状态。

但是，侵略埃塞俄比亚战争之后的经济低迷、第二次世界大战爆发后产生的危机性粮食不足以及战场局势的恶化，让人们对法西斯政权的不满情绪高涨。上述三种因素中，粮食危机的影响尤为突出。巴多里奥政府与盟军签署停战协议以后，南方已摆脱法西斯的统治。因此，停战协议的签署让那些仍处于法西斯控制下的意大利民众的不满情绪迅速高涨。可以说，与盟军签署的停战协议在这一方面所起的作用是决定性的。

停战协议公布后不久，共产党、社会党、以过去的人民党为母体的基督教民主党、由保守的自由主义者组成的自由党、“正义与自由”的成员组建的行动党五个党派结成了国民解放委员会（CLN）。他们对政体问题等关乎意大利未来的诸多问题进行了广泛的讨论。政体问题，即是否继续保留君主制的问题。当然，在讨论这些问题的同时，为实现把意大利中北部地区从德军与法西斯的统治下解放出来这个迫在眉睫的目标，他们还以实际行动开展了很多活动。

在这种情况下，拿起武器的游击队与盟军一起以武力打击法西斯。游击队在以意大利北部为中心的地区开展了活跃而广泛的抵抗活动。游击队的部队一般都是按党派编成的。当时的游击队部队主要有共产党系统的“加里波第旅”、行动党系统的“正义与自由队”、社会党系统的“马泰奥蒂旅”、基督教民主党的“绿色之火队”等。其中，“加里波第旅”的实力最强。当时的意大利，大约有 10 万人参加游击队，其中也有很多女性。这些游击队主要在山区进行各种各样的游击战。

在盟军、游击队的军事作战之下，德军与法西斯控制的区域向北徐徐缩小。1943 年 9 月，那不勒斯迎来了解放。1944 年 6 月，罗马获得解放。不过，在 1944 年 8 月佛罗伦萨解放之后，战况又短暂呈现出胶着的状态。

但是，当时德军在整个欧洲范围内都已经是强弩之末了。终于在 1945 年 4 月，北意大利的各支游击队决定一起行动，对纳粹和法西斯发起总反攻。4 月 25 日，米兰获得解放。经过人民审判，墨索里尼被处以死刑。米兰解放的 4 月 25 日，后来被定为国民节日——“解放纪念日”。

关于“抵抗运动是否被神化”的问题

战后建立的意大利共和国认为自己是在反法西斯抵抗运动中诞生的。也就是说，他们认为战后的自由主义与民主主义是他们用自己的抵抗行动赢取的。这种看法曾是战后意大利的主流观点。战后成立的第一共和国是由国民委员会的各党派共同支撑的。关于这一点，后文还会详述。

但是，“冷战”结束后，支撑第一共和国的各个党派有的改头换面了，有的已经不复存在了。而这些党派在战后长期秉持的上述主流观点也开始遭到批判和质疑。这些提出批判和质疑的人认为，“二战”后的主流观点不过是一个战后创造出来的神话而已，抵抗运动在战后被神化了。他们指出，参加游击队的意大利人仅仅是少数人而已，大多数意大利人都是同意法西斯的所作所为的。

从参加游击队的人数来看，直接拿起武器反抗法西斯的人确实不多。但是，就算过去对游击队贡献的评价有所夸大，也不能因此否定游击队在创建战后新体制、迎接战后新时代方面发挥过的重要作用。最近，也有研究认为，当时的意大利人分为游击队和法西斯两派，而“二战”末期的意大利是处于一种游击队与法西斯两派互相开战的“内战”状态的。对此观点暂且不作评价，但当时的意大利的确存在一部分意大利人以流血抵抗的形式反抗另一部分意大利人的情况。在这一方面，这一时期的意大利与德国、日本有着很大的不同。这一点，应当予以重点理解。

第 10 讲

意大利共和国

电影《教父》剧照

1945 年	加斯贝利政府成立
1946 年	举行决定政体的公民投票，举行制宪议会选举
1950 年	建立南部开放公库
1958 年	欧洲经济共同体建立
1963 年	中间左派政府建立
1969 年	劳动者提出异议运动范围扩大（炎热之秋）
1970 年	《劳动者宪章》制定，《离婚法》立法
1973 年	意大利共产党总书记贝尔林格尔提出“历史性的妥协”
1978 年	“莫罗事件”
1983 年	意大利社会党的克拉克西就任总理（—1987）
1989 年	柏林墙倒塌
1991 年	意大利共产党“主流派”组建左翼民主党
1992 年	欧盟成立 全国范围揭发、打击贪腐行为 参与审判黑手党案件的法尔科内法官、博尔塞利诺法官相继遭到暗杀
1994 年	举行总选举。中间右派的贝卢斯科尼政府建立
1996 年	举行总选举。中间左派的普罗迪政府建立
1999 年	开始使用欧盟共通货币欧元
2002 年	制定限制移民流入的《移民对策法》（“波西·菲尼法”）

虽然很远很远，但我还是在想什么时候回到自己的故乡。如果我没有机会回去，那么我也希望我的兄弟当中有谁能够回去。我们的老家是橄榄之乡，是月华静美之乡，是彩虹之乡。记住了吗？每当动工盖房子的时候，瓦匠的大师傅都会向第一个路过的人的影子投一块石头。这是一种祈愿，希望房子的基础能够更加坚固、牢靠。

——卢基诺·维斯康蒂导演，《洛可兄弟》（1960 年，洛可的台词）

1 共和国的成立与战后重建

举国一致内阁与南部占领体制

1944年6月罗马解放后，在法西斯政权建立之前曾担任首相的国民委员会委员长伊万诺·博诺米取代了巴多里奥，出任新一任首相。新一届内阁是一个“举国一致”内阁。因为主导新内阁的国民解放委员会是由共产党、社会党、行动党、基督教民主党、自由党等政党联合构成的。

内阁首相博诺米并没有完全放弃保守立场。不过，意大利共产党认为，当时意大利最优先的任务是解放整个意大利，因此政党间的对立应限定在最小限度。当时，意大利共产党是由党的创始人之一帕尔米洛·陶里亚蒂领导的。他曾在莫斯科流亡，现在又回到了意大利。社会党和行动党的方针与态度较为激进。他们提出了立即废除君主政体并将所有法西斯分子从公职人员队伍中彻底清理出去等主张。

在此期间，意大利南部一直处于以英、美两国为主力的盟军的占领之下。当时，英、美两国正在与苏联就如何构建战后世界秩序的问题反复协商、交涉。当时意大利南部的盟军主要是英、美军队。因此，这样的占领体制意味着，英、美两国特别是美国将会在意大利有很大的影响力。19 世纪以来，意大利有很多人移民美国。通过这些移民，两国原本就有着较为紧密的联系。现在，美国在意大利将获得比过去更加深刻、更加巨大的影响力。

“二战”后期，意大利南方已经处于盟军的占领之下。与中北部相比，南方人并没有多少反法西斯抵抗运动的经历，因此，意大利南部与中北部在“二战”后期有着不一样的历史经历。所有参加国民解放委员会的党派都未能在南方建立起牢固的大众基础；而王党派与地方主义政党却在这一地区有着很强的影响力。

西西里甚至还出现了要求从意大利分离独立的运动。主导这一运动的是保守派势力。另外，西西里也出现了农民运动和共产主义运动。美国对此十分害怕。为了弹压运动，美国竟然利用起西西里当地的黑手党网络。本来，在法西斯统治时期，受到严厉镇压的西西里黑手党几乎已经处于濒死状态。但是，美国对黑手党的利用，又让它复活了。反而在意大利南方迅速成长的农民运动的嫩芽，在成熟之前遭到当局的摘除。当时，南方的农民运动主要是以夺取土地的方式展开的。

共和国的成立

1945 年 4 月底，北意大利获得解放。6 月，以行动党的费卢西奥·帕里为首相的政府成立。主张进行急进改革的帕里成为首相，表明当时意大利的政界仍处于抵抗运动的余韵之中。但是，意大利共产党为了顾全大局，把各党派的融合放在了各项政策的优先位置，因此帕里内阁未能持续太久就走到了尽头。12 月，基督教民主党的阿尔契德·德·加斯贝利接任首相。

德·加斯贝利（1881—1954 年）曾担任下院议员和人民党总书记。他曾作为反法西斯的“嫌疑人”遭到法西斯逮捕。其后，他在梵蒂冈图书馆里当了一段时间的职员。再后来，他投身反法西斯抵抗运动。加斯贝利是战后意大利第一位以天主教组织为基础的首相。此后，他在首相（总理）的位置上一直干到了 1953 年。他担任首相的时期，正是意大利的战后重建不断向前推进的时期。

1946 年 6 月 2 日，意大利同时举行了政体公投与制宪议会选举。政体公投是决定国家选择君主制还是共和制的公民投票。制宪议会选举，是女性获得选举权后的首次选举。最终，公投显示，54% 的人赞成共和制，46% 的人赞成君主制，赞成共和制的人占多数。

在中北部地区，支持共和制的人占到了压倒性多数。与此相对，在南方，维持君主制的主张居于优势地位。19 世纪意大利统一之后，南意大利抗拒过“外来的国王”，也发生过大规模的民众反乱。但是，将近一个世纪之后，南意大利已经变得能够给予王室萨沃亚家族一定的支持了。当然，是否有过抵抗运动的经历，使民众对王室的认识也产生了很大的影响。投票结果出来之后，国王一家只能选择流亡。

制宪议会的结果出来之后，在总计 556 个议席中，基督教民主党获得了 207 席（占比约为 37%），社会党获得了 115 席（占比约为 21%），意大利共产党获得了 104 席（占比约为 19%）。这三个党派所获得的议席加起来，约占议席总数的四分之三。在抵抗运动中发挥过重要作用的行动党几乎没有获得议席。选举过后，行动党就销声匿迹了。于是，德·加斯贝利出任总理，并组建了第二届加斯贝利内阁。内阁成员大多来自议会的三大政党。

1947 年 12 月，《意大利共和国宪法》颁布。在制宪议会上，基督教民主党与意大利共产党领导议会进行讨论。两党的主张也被巧妙地融汇交织进了新宪法。新宪法的第一条，将意大利国家规定为“以劳动为基础的民主共和国”就是两党主张融汇交织的象征。

在基督教民主党的强烈主张之下，《拉特兰协定》被插入宪法之中。另外，基于地方分权理念，全国设置了包含五个特别大区在内的 20 个大区。出于对法西斯时期独裁统治的反省，意大利还设置了以权力分散为原则的国家机构。新生的意大利共和国就此扬帆起航。

冷战与左右对立的激化

当国内的宪法制定工作稳步前行时，国际上的冷战阴霾也愈加浓烈了。意大利在地理上处于丘吉尔所说的“铁幕”前沿地带。1947 年 1 月，德·加斯贝利访问美国。杜鲁门以经济援助为交换条件，催促他走反苏路线。2 月，签署了《巴黎和约》。条约中，意大利放弃了所有殖民地。此外，在意大利与南斯拉夫的边界问题上，条约也达成了一定的合意（将伊斯特里亚半岛返还南斯拉夫等）。条约签署后，意大利实现回归国际社会。

5 月，德·加斯贝利组建了一个排斥社会党和共产党的新内阁。不仅如此，他还进一步宣布接受美国的“欧洲复兴援助计划”。这一计划，即所谓的“马歇尔计划”。1948 年 4 月，意大利举行共和国第一次议会总选举。基督教民主党在下院选举中虽然票数未能过半，但还是收获了半数以上的议席。因此，基督教民主党也算是赢得了这次选举。此后，在国际上，意大利属于西方阵营；在国内，以基督教民主党为中心的联合政府长期执政。这样的国际与国内政治框架在意大利维持了很长一段时间。

整个 20 世纪 50 年代，意大利总理都是由基督教民主党议员出任的。不过，该党的票数一次也没有超过半数，其议席数也从未超越 1948 年的第一次总选举时所获得的议席数。因此，为了维持执政，基督教民主党不得不与自由党、共和党以及劳动者社会党（即后来的社会民主党）等小规模政党联合组阁。一方面，劳动者社会党是由一部分脱离了社会党的人组建的。另一方面，意大利共产党的议席数后来超过了社会党。因此，害怕埋没于两大政党之间的社会党，逐渐开始与意大利共产党保持一定的距离。

❷ “经济奇迹”与中间左派政府的建立

“经济奇迹”与消费社会的出现

20 世纪 50 年代末至 60 年代是世界经济发展势头较好的一段时期，也是国际贸易额快速增长的一段时期。西方阵营内部要么撤销了关税壁垒，要么缩小了关税壁垒。这样的贸易环境对西方各国的产品出口十分有利。加入了马歇尔计划的意大利可以引进美国的工程机械与工业技术。同时，随着欧洲经济共同体（EEC）的建立，欧洲共同市场的基础也日渐成型。这些条件对意大利的经济发展来说，都是十分有利的。

在这样的背景之下，20 世纪 50 年代后期至 60 年代前期的十余年间，意大利有着年均超 6% 的经济增长率。意大利迎来了被称为“经济热潮”或“经济奇迹”的经济高速增长期。

丰富的劳动力与低廉的劳动力成本，是支撑经济高速增长的重要原因。“二战”期间业已存在的产业复兴机构（IRI）对冶铁产业进行了集中性投资。战后新设立的全国碳化氢产业机构（ENI）一方面对国内的沼气资源进行了大力开发，另一方面也努力协调着石油的进口。在冶铁产业和能源产业的共同支撑下，意大利的制造业成长了起来。冰箱、洗衣机等白色家电和自行车、打字机等成为当时意大利的主要出口商品。比如，20 世纪 60 年代，意大利的冰箱生产量仅次于美国与日本，位居世界第三。

经济增长也给不同产业的从业人口结构带来了很大的变化。根据 1961 年的意大利国情调查报告，第二产业（工矿业）的从业人员占到了劳动力人口的 38%。这是自意大利统一以来，第二产业从业人员总数首次超过第一产业（农林水产业）从业人员总数。重化工工业的中心仍然位于由米兰、都灵、热那亚构成的“工业三角地带”。这一情况与 20 世纪初基本相同。不过，在“工业三角地带”之外，也有一些地方成了新的重化工工业基地。比如，战后新建了石油化工联合企业的威尼斯、热那亚等。另外，过去与重化工工业无缘的亚得里亚海沿岸地区也成了新的重化工工业产业地带。

经济的高速增长，促使“消费型社会”在意大利的诞生。在1950—1970年这20年间，意大利的社会总生产提高了230%，人均所得达到了英国的82%、法国的60%。此时的意大利，虽然还没有赶上英、法两国，但已经能够望其项背了。收入的增加，让消费支出也有所增加。消费增加的趋势在中北部地区尤为明显。1965年，拥有电视机的家庭总数已达到全国家庭总数的49%。

随着消费支出的增加，人们的生活也出现了变化。周末外出看电影成为意大利人生活的一部分。“二战”结束前就已经建成的罗马电影城，在战后发展成为意大利电影界的殿堂。战后不久，罗马电影城就涌现出了一批新实质论的电影导演，代表人物有罗伯托·罗塞里尼、维托里奥·德·西卡等。在他们之后，卢基诺·维斯康蒂、菲德里奥·费里尼等人也都是世界电影史上赫赫有名的导演，他们都在罗马电影城从事电影创作。

另外，20世纪五六十年代，意大利人还形成了在夏季的假日出远门旅游度假的风气。收入的增加，让女性就业人员数量有所减少。很多女性成为全职主妇。与此同时，意大利也陆续出现一些以女性为受众的杂志。不仅如此，教会举行的傍晚弥撒等活动的出席率逐渐降低，意大利人世俗化的倾向日益明显。

南北差距的扩大与南部振兴

经济的高速增长也带来了不少负面影响。用于投资的资金大多被用到了出口型产品的生产领域。这导致意大利在公共设施方面的投资并不充分。在学校、医院、住宅、公共交通等方面，意大利仍停留在不发达的状态。另外，与发展显著的重化工工业相比，纤维产业、食品工业等传统工业部门的技术革新也没有取得太大的进展。

在所有问题中，最重大的一个是：原先就已存在的南北差距的进一步扩大。如何让被工业化“遗漏”的意大利南部地区获得发展，成为摆在意大利政府面前亟须解决的最紧要的课题。

“二战”刚刚结束，意大利政府就开始着手解决南方问题。1946 年，意大利设立南部工业化促进协会（SVIMENZ）。1950 年，南部开放公库设立，国家财政正式对南方进行投资。这种新构建的国家直接介入南方开发的体制，在国家统一之后还是头一回出现。20 世纪 60 年代以后，意大利南部开展了大规模的公共设施建设。道路、桥梁、港口等基础设施建设有所推进。另外，为了实现工业化，意大利南部地区先后修建了很多工厂。普利亚大区的塔兰托修建了钢铁厂，菲亚特在巴西利卡塔大区的梅尔菲修建了汽车制造厂，在西西里的杰拉修建了石油精炼工厂。

国家财政的投入及国家主导的工业化促进事业，收获了一定的成果。这一点的确应当予以承认。南部的城市逐渐有了现代都市的面貌，城市间的交通网络也得到了完善。而消费社会的波纹也确确实实漾到了这里。

南方工业化虽然取得了一些成绩，但并不是在所有方面都完全实现了目标。僵硬的官僚体制与黑手党等犯罪组织在中间榨取，让不少项目成了无法完成的烂尾项目。过剩的公共投资，让南方形成了一个过度依赖公共项目的经济"体质"。在距离主要出口市场——阿尔卑斯山以北的欧洲国家——较远的地方建造工厂，无形中增加了生产与运输的成本。不仅如此，建在南方的很多大型工厂也难以产生带动周边经济的效果，这些工厂反而变成了孤零零的存在。后来这些工厂甚至被揶揄为"沙漠里的大教堂"。到了 20 世纪 80 年代，这一连串的南方振兴政策已经明显陷入"功能不全"的状态。

国家虽然拿出了很多振兴南方的政策，但生活在南方的意大利人仍然每天都为营生所迫。为了生活，他们中有很多人选择了移民。这种前往外地或外国寻找工作的现象，是意大利国家统一后自由主义时期移民光景的再现，甚至可以说是一种"返祖"现象。

不过，与第一次世界大战前从南意大利走出去的移民相比，战后的移民也有一些不同之处。首先，移民目的地有所不同。过去的移民，大多前往南、北美洲；但战后的南意大利移民主要前往西德、瑞士、法国等欧洲国家。此外，也有很多人来到国内以“工业三角地带”为中心的意大利中北部地区。这样大规模的国内人口迁徙，在统一之后尚属首次。

另外，过去的移民大多为“外出打工”式移民，他们中大多数人最终还是会回到自己的故乡。但战后，那些前往外地或外国工作的意大利南方人大多选择在工作地定居。尤其在那些前往国内其他地方工作的人中，这一点表现得更加明显。这样一来，南意大利的人口便出现了急剧减少的现象。南部地区人口过少的问题也变得越来越严重。不过，另一方面，以比萨饼为代表的南方饮食文化也随着南方人的迁徙浸透到了所有意大利人的生活中。原先，比萨饼这样的南方美食在中北部地区并不是那么流行。

人口的大规模流动一方面助长了中北部地区的人对南部出身的人的歧视，但另一方面也促进了“国民文化”的形成。

中间左派政府的建立

在整个 20 世纪 50 年代，以基督教民主党为中心的多党联合政府不能确保在议会中获得稳定多数派的支持。因此，这个多党联合政府常常需要右翼政党“意大利社会运动”以不参与组阁的方式给予一定的协助。

“意大利社会运动”是以“二战”末期“意大利社会共和国”（萨洛共和国）的干部为中心组成的政党。在那些参与反法西斯抵抗运动的政党所缔造的议会中，这个团体原本并不被视为一个可以交涉的对象。所以，当他们以不参与组阁的方式为多党联合政府提供协助时，共产党、社会党等政党往往会表示出强烈的担忧。而这又让议会原本紧张的气氛变得更加紧张。

在这种情况下，基督教民主党的党内左派强烈主张把与意大利共产党保持一定距离的社会党吸纳到多党联合政府之中，并以此形成一个在议会中占稳定多数的多党执政联盟。1963 年 12 月，基督教民主党的党内左派威权人士阿尔多・莫罗成为总理，由基督教民主党、社会党和社会民主党、共和党四个政党组成的多党联合政府也宣告成立。由这四个党派组成的多党联合政府是一个走中间左派路线的政府。虽然中间也经历了各种各样的迂回曲折，但这个四党联合执政的政权架构一直维持到20世纪90年代冷战结束。

政党主导体制的出现

政党在共和政体下的意大利政治中，可以说是发挥了“特异性”的重要作用。战后初期，因为官僚机构与产业界的经营者团体都曾深受法西斯影响，所以这些机构与团体未能在战后重建的过程中扮演主要角色。而政党之外，也没有任何势力能够承担起战后重建的重担。在这两方面因素的共同作用下，政党发挥了“特异性”的作用。在这些政党之中，基督教民主党与意大利共产党是拥有尤其强大组织能力的政党。

基督教民主党是以天主教团体为支持基础的政党。即便是在过去的法西斯体制时期，根据《拉特兰协定》，天主教团体的活动也是被允许的。因此，天主教团体能够为基督教民主党提供强大的支持基础。在战后初期，与梵蒂冈保持着密切关系的有名望的人和原中间阶层出身的人在基督教民主党内占据有利的地位。但是，天主教系统的劳动者联合会（劳动者联合会联盟 CISL）、天主教系统的工人亲睦团体（意大利天主教劳动者同盟 ACLI）等大众组织出身的党内左派逐渐进入了基督教民主党的领导阶层。

于是，基督教民主党就成了一个“包罗型”政党。该党拥有非常广泛的支持基础。天主教大众组织势力较强的东北部“白色地带”（威内托大区及伦巴第大区东部一带）与名门望族势力残存的南部地区都成为基督教民主党的重要票仓。另外，基督教民主党还得到了很多在信仰上比男性更虔诚的女性的支持。

逐渐消除苏联影响的意大利共产党，继承了党的创立者葛兰西关于先进国家社会主义革命道路的判断，在障碍重重的西方阵营国家的政治舞台上艰难地生存了下来。

在组织方面，早在反法西斯抵抗运动时期，意大利共产党就建立了以地区为单位的地方组织。战后，这些地方党组织进一步茁壮成长。意大利最大的工会组织——意大利工人总会（CGIL）的大部分分支机构也都服从于意大利共产党的领导。另外，生活消费合作社、“人民之家”也最大限度地利用了自己的优势，给予意大利共产党很大的配合。“人民之家”是一个以市、镇、村为单位的生活援助与社会交往组织。这些组织的组织网络扎根最深的意大利中部的几个大区（艾米利亚-罗马涅、托斯卡纳、翁布里亚）也被称为“红色地带”，成了意大利共产党最大的根据地。

基督教民主党和意大利共产党都有着强大而稳固的组织体系。在这种情况下，选民中“没有党派色彩的人”的比例越来越小。在选举制度上，意大利实行的是完全比例代表制。在这些因素的叠加之下，各政党每次选举获得的总票数的变动也越来越小。历次选举中，虽然基督教民主党从未获得过一半以上的票数，但其所获票数每次都能多于其他政党，因此它也能一直维持议会第一大党的地位。而意大利共产党的票数、议席数也每次都紧随基督教民主党，位列第二。议会第一大党是基督教民主党、第二大党是意大利共产党的议会格局逐渐固定了下来。

在这种格局与状态之下，阁僚与行政官员的配置、公共工程，甚至连医院的病床数量，等等，都是由各政党按政党之间实力对比分配和安排的。这样的政治与行政状态也常被称为“政党主导体制”。除基督教民主党和意大利共产党（虽然不参与中央政府阁僚位置的分配，但参与地方行政岗位的分配）外，以社会党为首的很多其他政党都参与了这种“政党主导体制”的运作。

虽然政党逐渐演变成利权分配的“玩家”，但在战后意大利的政治文化中，政治家特别是有担任首相经历的重要政治家一般都具有高层次的知识修养。就实际情况而言，战后意大利历任总理中，有很多人都曾兼任大学教授。但是反过来说，高层次的文化修养与个人教养也不见得就一定能保证政治高明与品行高洁。

❸ “铅的时代”

社会改革的推进与“历史性的妥协”

20 世纪 70 年代，意大利在国政上进行了很多方面的改革。《劳动者宪章》的制定让劳动者的权利与自由进一步得到了保障。“宪章”还强化了工会的权限。此前，“大区制度”仅存在于共和国宪法的条文之中，实际上，地方行政体系中并不存在“大区”这个行政层级实体。20 世纪 70 年代的改革之后，“大区制度”开始被正式运用到地方行政体系之中。基督教民主党一直强烈反对制定《离婚法》，但在赞成制定《离婚法》的政党的努力下，意大利终于正式制定了《离婚法》。法律制度层面的离婚终于在意大利得到了确立。

在这种状况下，意大利共产党在选举中的得票数稳步提高。在“大区制度”正式运行之后的首次大区议会选举中，以意大利中部为中心的五个大区诞生了社会党共产党联盟主导的大区政府。在1976年的议会总选举中，共产党的得票数已逼近基督教民主党。

虽然意大利共产党在选举中获得的支持空前扩大，但意大利共产党内部在最终赢取执政权的问题上仍存在悲观的看法。当时，在南美的智利，社会党与共产党曾通过议会选举建立阿连德社共联合政府。但这个政府在1973年被美国支持下的军事政变推翻。这件事是意大利共产党内部存在“执政悲观论”的背景。

同年，意大利共产党总书记恩里科·贝尔林格尔提出了通过与基督教民主党强化协作参与国家政权运作的新路线。这一路线被称为“历史性的妥协”。此举主要是想通过与亲美势力的协调，来阻止美国的干涉。“历史性的妥协”增加了意大利共产党参与政权运作的现实性。这一路线不仅刺激了厌恶意大利共产党、排斥社会主义的意大利右翼势力，而且使对意大利共产党的这一“稳健化”动向提出批评的非共产党系左翼也因此变得更加急进化。

“紧张战略”与“铅的时代”

在战后初期的意大利，“意大利社会运动”是右翼政党的代表。但是，随着该党成为在议会中拥有议席的政党，其路线也日渐稳健化、体制化。但与此同时，意大利又出现了一些急进的右翼团体。他们在所谓的“紧张战略”名目下，极力煽动社会不安，鼓吹构建右翼势力主导的独裁体制。1970 年，右翼团体策划的政变计划被政府发觉。除政变计划外，从 1969 年发生的米兰芳塔娜广场银行爆炸事件开始，至 1980 年博洛尼亚火车站爆炸事件（事件中有 1 名日本人遇难）之间，右翼团体还发动了多次恐怖袭击。

另一方面，左翼势力中也存在一些急进派对意大利共产党的稳健化、体制化举措不满。在左翼急进派中，还出现了一些与意大利共产党的非暴力主义对抗，在暴力主义思想下开展活动的组织。

20 世纪 70 年代，“左、右”两极的过激集团相继发动恐怖袭击。因此，这一时期又被称为“铅的时代”。“铅”既是对恐怖事件中所使用的“子弹”的形象比喻，也是对当时社会上像铅的颜色那样的“灰暗”气氛的揶揄。

意大利经济的恢复与克拉克西时代

1973 年石油危机爆发后，意大利经济陷入了低迷的局面。不过，进入 20 世纪 80 年代以后，经济形势突然转变，意大利再次迎来经济增长的时代。这次经济增长的背景有两个方面：一是国内消费市场的扩大；二是“第三意大利”地区经济的快速发展。所谓的“第三意大利”主要是指长期牵引意大利经济的西北部工业三角地带与工业化发展相对迟缓的南部地区以外的意大利东北部和中部地区。

在这些地区，工匠以娴熟的技艺生产皮鞋、家具等在设计方面高端的商品。这些商品都是具有高附加值的工业产品。这一时期，包括日本在内的世界各地都对意大利的饮食文化、时装样式给予了很大的关注。意大利主动与这样的流行时尚对接，“意大利制造”的时尚类商品也因此创造了不小的出口额。

20 世纪 80 年代，意大利在政治上走出了“铅的时代”的阴霾，社会也迎来了一个短暂的安定时期。对此作出重要贡献的是社会党的贝蒂诺·克拉克西（1934—2000 年）。1983 年，克拉克西成为意大利首位社会党籍总理。此后七八年间，意大利总理职务一直都由克拉克西担任。

在基督教民主党与意大利共产党两大政党的夹缝中，社会党虽然日渐衰落，但它也在长期摸索着自己的独特性。终于，在克拉克西的领导下，焕然一新的社会党再次回到意大利的政治主舞台。米兰出身的克拉克西具有世俗主义的政治倾向，他与以天主教价值观为党的基本方针的基督教民主党保持了一定的距离。同时，他也认识到对消费主义持肯定态度的、与意大利共产党保持一定距离的社会中间阶层应该成为社会党的主要争取对象。过去，社会党曾长期依靠工会组织的支持。在克拉克西的领导下，社会党与过去过度依赖工会组织支持的方针做了彻底的“分手”，并积极练就了利益分配的手腕。而如何进行利益分配，一直都主导着意大利的政治。

此时，意大利仍然存在尚未分配的“剩余利益”。因此，这个时代也成了冷战结束前最后的“享乐时代”。

④ 冷战的结束与第二共和国时代

欧洲统合与意大利

第二次世界大战之后，欧洲一体化的趋势不断向前发展。在此过程中，意大利虽然不能说是最重要的国家，但至少也发挥了不可或缺的作用。欧洲的统合，在理念上存在着好几个历史渊源。在法西斯时期被判处流放的“政治犯”阿尔蒂埃罗·斯皮内利（1907—1986 年）提出的“欧洲联邦构想”就是其中一个。斯皮内利也被视为“欧洲一体化之父”中的一人。

战后初期，意大利政府担心财政负担过重，曾对欧洲一体化持谨慎态度。但是，随着移民输出与振兴南方政策的推出，在这一问题上，意大利也逐渐变得积极起来。1955 年，意大利在西西里的墨西拿成功举办了六国（意、法、德与比、荷、卢）外长会谈。1957 年，《罗马条约》缔结，1958 年由上述六国组成的欧洲经济共同体正式成立。

基督教民主党对欧洲统合持积极态度。但最初，社会党与意大利共产党把欧洲一体化视为“西方阵营的强化”，两党也因此对欧洲一体化持反对立场。不过，1956 年匈牙利事件发生后，社会党的方针发生了转变。后来，意大利共产党提出了对基督教民主党在诸多方面进行“历史性的妥协”的方针。此后，意大利共产党也开始支持欧洲一体化。于是，意大利国内的欧洲一体化支持派在政坛上就成了占压倒性的多数。

1984 年，身为欧洲议会议员的斯皮内利提出了组建“欧盟”的倡议。但这次尝试因“为时尚早”而以失败告终。1992 年，《马斯特里赫特条约》缔结，欧盟正式成立。

其后，意大利加入了 1995 年实际生效的、保障欧盟区域内人的自由移动的《申根条约》。同时，意大利也是 1999 年正式发行的、欧洲共同货币——欧元的使用国之一。在加入“欧元”协议之际，意大利被要求削减财政赤字，作出了一定的牺牲。但是，作为欧盟的一员，意大利也确实享受到了一体化带来的诸多利好。

冷战体制的终结

1989年11月，象征冷战的柏林墙倒塌。之后，东欧社会主义国家发生剧变。东欧剧变也给意大利的政治格局带来了巨大的变化。在战后的意大利，以基督教民主党为中心的执政党联盟长期执政，而最大的在野党意大利共产党则长期与之对峙。这是战后意大利政治的基本格局。东欧剧变也让意大利的这一政治格局寿终正寝。同时，作为战后意大利政治格局正统性保证的反法西斯抵抗运动“神话”也没入了历史的洪流。

意大利政治面貌的变化，在20世纪80年代后期已初现端倪。地域主义的政党“伦巴第同盟”（有着明显的中世纪历史意识）在地方选举中，扩大了自己的势力。意大利东北地区一直是基督教民主党的“票仓”。而随着“伦巴第同盟”的崛起，基督教民主党的这一“金汤城池”也开始崩溃。“伦巴第同盟”把罗马的中央政府、外国籍劳动者以及意大利南方人视为“敌方”。他们认为，非常有必要让自己所在的地区重新获得政治上的决定权。

另外，意大利共产党在整个20世纪80年代都呈现出势力减退的态势。1991年，意大利共产党的“主流派”结成了一个新的政党——“左翼民主党”。

1992年2月，米兰的养老机构——“特别养老之家”的理事长因受贿被捕。起初，大家并没有认为这一事件有什么特别。但是，这件看起来十分“普通”的事件却波及了整个意大利。举国上下检举揭发了各种贪污腐败的行为，意大利出现了一种被称为“腐败横行”的状态。经过两年多的检举揭发，七成的国会议员都成了搜查的对象。克拉克西就是其中一位。被揭发后，他前往了突尼斯。而这事实上是一种逃亡行为。此后，他一直没有离开突尼斯，直到去世。

在此事件前后，意大利掀起了一场以刷新政治运作方式为目标，寻求从根本上改革选举制度的运动。运动的支持者认为意大利的主要政党都有着各自坚实的支持基础；在这样的国家中，如果完全实行过去那样的比例代表制，则很难实现政党轮替。1993年，意大利就选举制度改革举行了公民投票。改革获得了国民的支持。公民投票最终通过了部分保留比例代表制，比例代表制与小选举区制并行的选举制度。新制度下，议会中四分之一的议席适用比例代表制，四分之三的议席适用小选举区制。在这种新的选举制度之下，意大利的政治呈现出了与过去迥然不同的形态。

黑手党问题

柏林墙倒塌的前后，在时间上也是意大利西西里黑手党问题最严重的时期。

法西斯时期，黑手党曾遭到镇压。战后，黑手党组织又得以复活。在战后振兴南部的政策背景下，黑手党进入了建筑业。这样，黑手党组织也逐渐发展壮大了起来。起先，黑手党主要在西西里岛西部地区活动，后来其活动范围又扩大到了西西里岛东部。再后来，随着意大利南方人向外迁居移民的浪潮，黑手党也渗透到了意大利北部地区，其势力甚至还延伸到了很多欧洲其他国家。20 世纪 60 年代和 70 年代，黑手党发生了两次争夺毒品交易“利权”的内斗。这两次内斗都十分激烈，因此也常被称为“黑手党战争”。

为取缔黑手党的非法活动，肃清其激烈的内斗，政府设立了“反黑手党委员会”。1982 年，意大利又制定了《反黑手党法》。法律中引入了“黑手党性质的犯罪组织”的概念。那不勒斯的“卡莫拉”、卡拉布里亚的“光荣会”等犯罪组织被统一归入了“黑手党性质的犯罪组织”。从 1986 年开始，巴勒莫举行了一系列针对黑手党成员的审判。这一系列的审判被称为“黑手党大审判”。七百多名黑手党成员在审判中被判为有罪。

而从 20 世纪 80 年代开始，西西里的黑手党组织也针对政治人物、法官以及记者发动了很多恐怖活动。面对政府的取缔，黑手党对相关人员进行了露骨的威吓。1992 年，意大利先后发生了两起骇人听闻的暗杀事件。法尔科内与博尔塞利诺因担任审判黑手党案件的法官遭到暗杀。这意味着黑手党组织对国家发起了全面的对决。

由于黑手党露骨残暴的威吓行为，国民对他们的厌恶情绪不断高涨，国内反黑手党的舆论也日益高扬。最终，黑手党组织改变战术，停止了对国家权力的直接攻击。西西里的黑手党活动也在表面上出现了沉寂的趋势。但是，随后黑手党又将活动据点移到了米兰、罗马等地。他们把"业务"转向了工业废品处理行业以及移民斡旋等领域。至今，黑手党仍然栖息在意大利的社会当中。

贝卢斯科尼时代

1994 年 3 月，意大利举行了新选举法下的议会上、下两院选举。这次选举是中间右派、中间左派与中间派联盟的三方混战。

中间右派主要由西尔维奥·贝卢斯科尼（1936—）领导的新政党"加油意大利（意大利力量党）""国民同盟"以

及“北部同盟”三个政党构成。意大利力量党是这一党派的核心。“国民同盟”是由原来的“意大利社会运动”更名而来的政党。而“北部同盟”则是由“伦巴第同盟”发展而来的政党。中间左派主要由“左翼民主党”、意大利共产党激进派组建的“共产主义再建党”以及“绿党”等政党构成。中间派联盟的核心是人民党。人民党是由基督教民主党变更党名而来的政党。

最终，中间右派赢得了选举。在小选举区选战中惨败的中间派联盟在此次选举后瓦解消失。选举后，带领自己的政党赢得选举胜利的贝卢斯科尼就任意大利总理。总时长近20年的贝卢斯科尼时代拉开了序幕。

贝卢斯科尼通过米兰郊外的房地产开发积累了财富。他亲手打造出了一个囊括电视台、杂志社、广告代理公司的大型企业集团。在意大利，他是一个非常励志的传奇人物。他还是著名的足球俱乐部AC米兰的所有人。他也因此在意大利国民中享有很高的知名度。不过，决定步入政界的贝卢斯科尼却受到了强烈的批评。这一方面是因为他缺乏政治经验，另一方面是因为他垄断性地经营着三家实力强大的民营电视台。贝卢斯科尼原本是克拉克西的盟友。但是因为克拉克西在政界丧失了立足之地，所以贝卢斯科尼便决意自己直接从政。

从个人经历来看，他是一个爱好享乐主义、消费主义生活的人物。但是，为了团结所有中间右派团体，他把自己扮成一名有着虔诚天主教信仰的政治家。同时，对于中间左翼的各个政党，他还毫不掩饰地流露出自己的敌意。

第一次贝卢斯科尼内阁维持的时间很短。贝卢斯科尼的丑闻是内阁迅速垮台的原因之一。不过，在2001—2006年（第二、三次内阁）、2008—2011年（第四次内阁）期间，贝卢斯科尼两度以总理的身份“君临”意大利政界。意大利在开始使用欧元之后出现了较好的经济景气。在此背景下，贝卢斯科尼政府推出自由主义经济政策，着手放松对劳动市场的管控。此外，贝卢斯科尼政府还制定了严格管控移民流入的法律。但是在处理问题的很多时候，贝卢斯科尼政府逐渐倾向于采用“大水漫灌”式投入财政资金的做法。这种缓和的财政方针导致了意大利财政状况的恶化。

在贝卢斯科尼的执政联盟中，“北部同盟”要求大幅度提高地方的权限，而“国民同盟”则主张强化国家的权力。贝卢斯科尼巧妙地将这两个政治主张截然相反的政党融合到了一起。在政党联盟方面，贝卢斯科尼发挥了出色的协调能力。另外，与过去披着知性外衣的权威政治家装模作样的做派有很大不同，贝卢斯科尼喜欢有话直说，直抒胸臆。事实上，有很多意大利国民对贝卢斯科尼这种直率的讲话方式抱有好感。

1996—2001 年以及 2006—2008 年期间，中间左派也曾两次执政。两次执政期间，中间左派政府都不得不采取紧缩的财政政策。第一次是为了让意大利加入欧元圈，第二次则纯粹是在给贝卢斯科尼政府“大水漫灌”式的财政政策“擦屁股”。虽然他们也是不得已而为之，但国民还是对他们实行这样的政策表示不满。意大利政坛上的“中间左派”是一个由原意大利共产党派生出来的诸党派与原基督教民主党左派等党派构成的“混合体大家庭”。他们内部经常在很多问题上互相掣肘，也经常纠缠于比中间右派内部更加激烈的权力斗争。

2008 年发生的雷曼危机让希腊陷入了财政危机。同时，这场风暴也波及了意大利。2011 年，在财政危机日益加剧与贝卢斯科尼个人丑闻不断发酵的相互交杂下，贝卢斯科尼辞去了总理职务。

其后，意大利出现了一个由非议员组成的、以紧缩财政为至上命题的“管理内阁”。在“管理内阁”积极推进经济改革的过程中，一个名为“五星运动”的新政治势力突如其来走上了意大利的政治舞台。他们否定所有既有政党，也否定所有现有政治家。在 2013 年举行的议会总选举中，中间右派、中间左派、“五星运动”的得票数不相上下，形成了三足鼎立的局面。现在，意大利的经济仍未得到有效恢复，仍然在深深的黑暗之中徘徊。

移民与难民

20 世纪末，长期向外输送移民的意大利摇身一变，成为一个移民接收国。对出生率极低，少子化倾向日益严重的意大利来说，当经济运行状况较好时，其必然会有吸纳外来劳动力的需求。

进入 21 世纪以后，外来移民流入意大利的情况尤为明显。2001 年，意大利有 133 万外籍人口。这一数字在 2018 年 1 月的时间节点上，已增长至 514 万。20 世纪末，在意大利居住的外国人的国籍已呈现极其多样化的特征。时至今日，这一特征变得更加显著。

近年来，来自罗马尼亚、乌克兰、摩尔多瓦等东欧国家的移民人数显著增长。女性移民居多，是来自这些国家的移民的显著特征。她们主要从事高龄家庭的家政服务、看护服务。过去，意大利曾给人一种这样的印象：这个国家存在着社会福祉，尤其是高龄老人的照料主要由家庭成员承担的社会规范。随着外来移民的增多，意大利在这方面的社会面貌也发生了变化。社会上，把照料老人的事情委托给外籍雇佣劳动者的现象变得普遍起来了。

近年来，利比亚等国内局势动荡的国家，不断有移民、难民横穿地中海来到意大利。他们乘坐的是不知道什么时候就会沉的老旧小船。因此，不少人在途中丢了性命。这无疑是一个悲剧。对他们中的很多人来说，意大利并不是他们最终的目的地。意大利仅仅是他们前往目的地过程中的一个通道而已。但意大利却不得不承担起为他们提供救助和收容设施的义务。从这个方面来说，意大利的确也很不容易。不过，最近意大利也出现了和其他欧洲国家相同的排外主义动向。

通常来说，这种难民涌入的现象会朝着被否定的方向解释。但是，我想在此给出一个正面的、积极的思考方向。意大利在历史上，一直都是各种各样的人往来不绝的地方。他们交会于此、融汇于此，也创造出了丰富多彩的灿烂文化。而最近的移民流入、难民流入或许也是意大利走向新的多样化，拓展多元文化的一个中间过程。

后　记

在出版规划中，本书是继坂井荣八郎《德意志史 10 讲》（2002 年）、柴田三千雄《法国史 10 讲》（2006 年）、近藤和彦《英国史 10 讲》（2013 年）之后，“10 讲”系列丛书中的又一本书。即使如此，本书的写作历程还是与前三本有所不同的。

《英国史 10 讲》的“跋文”中有这样的记述：“与柴田三千雄、坂井荣八郎两位先生见面，规划‘10 讲’丛书，最初是在 1999 年的 7 月。”正因如此，先行出版的三本书也是三位作者自己策划并经过绵密的探讨研究而最终编写完成的著作。

与前三本书不同，本书是在岩波书店的提议下编写的。当然，笔者执笔时，也自觉地考虑到了前三本书的风格，并在很多地方参考了它们。不过，在所关注的问题焦点与论述方式方面，本书也许与前三本书还是存在不少风格上的不同之处的。在这一点上，还请读者与三位先生包容海涵。

当岩波书店编辑部向我询问是否可以执笔写作本书时，对于接下这个工作，我的内心还是十分地踌躇不安、惶恐犹豫的。柴田三千雄先生是我读研究生时的恩师。能与恩师联名为同一系列丛书执笔，对我来说是一件荣誉莫大的事情。但是，如果写得不好，反而会玷污恩师的高名。即使我是多么的枉顾师恩、不知师恩，这样的压力也还是能切切实实地感受得到的。

此外，还有一个原因让我逡巡日久。能不能把意大利这个地理区域所走过的复杂历史正确地叙述出来，我心里仍是充满不安的。

我是意大利近现代史的研究工作者，主要的研究对象是19世纪后期至20世纪前期的历史。不仅如此，我专门关注的研究课题是移民及因政治原因而逃亡的那些人在空间上的流动问题。与沿着时间轴对意大利这个限定区域的历史向前深挖相比，我认为我自己更适合从事在限定的时间范围内，以世界整体为研究对象，对不同地区不同群体的接触与交流进行考察的研究。

就我这种类型的研究工作者而言，对某一地区从古至今的历史进行总体性、概述性的叙述，是一件非常具有挑战性的事情。最近因为写意大利近现代史概述性文章的机会增多，我也勾勒出了一个自己的、关于19世纪以后意大利历史的整体轮廓。但是，对于18世纪以前的历史，时代越是久远，我就越是处于云山雾罩之中。

就这样，我花了两年多的时间，总算完成了书稿的写作。

回过头来读一下，我觉得本书有两方面的特色，当然，也可以说是两方面的偏颇或偏重。

一方面，正如前面所说的那样，本书是由一名近现代史专业的人所写的。所以，19世纪以后的历史（第7—10讲）所占的比重明显较大。说起以意大利为舞台的历史，人们的脑海中往往浮现出古代罗马帝国的历史场景，或者是文艺复兴时期的璀璨文化，这样的人一定不在少数。对这些时代或主题感兴趣的读者，在购买本书阅读后，也许会产生失落之感。不过，在有关意大利历史的书籍中，有很多都将焦点投射到了古代与中世纪，而近现代只是这些书籍的附加之物。甚而有之，不少书籍连提都没提到近代与现代。在这样的出版现状下，有一本像本书这样的书籍也许也还不错。

另一方面，本书对罗马、南意大利的记述较多，关于北意大利的记述较少。之所以这样处理，原因并不复杂。我最初到意大利留学时，罗马是我印象中最深刻的城市；另外南意大利也是我最早关注的主要研究对象。假如我当初在米兰留学，在以北意大利为中心的史料调查方面积累下经验，那么本书或许会呈现出另一种样貌。我想，撰写意大利史这一项工作，就是如此吧。

本书在执笔过程中，得到了多位先生的襄助。井上秀太郎（古代罗马史）、三森希美（意大利中世纪、前近代史）、山手昌树（意大利近现代史）等诸位先生女士，对本书中有关自己研究领域的草稿进行了阅读，并提出了很多宝贵的建议。特别是三森女士，她牺牲了自己大量的时间，从史实正误到解释妥否，都提出了不少有益的意见。在此，我对大家表示深深的感谢。当然，本书的记述中若有瑕疵误陋，皆是本书作者的责任。

岩波书店编辑部的杉田守康先生，从向我约稿到书稿完成，都一直为我提供着协助。如果没有杉田先生的强力激励和艰苦忍耐，本书便不会见闻于世。在此，向他表示感谢！

北村晓夫

2019 年 2 月

图书在版编目（CIP）数据

意大利史10讲 /（日）北村晓夫著；李文明译. —北京：中国工人出版社，2021.10
ISBN 978-7-5008-7749-3

Ⅰ. ①意… Ⅱ. ①北… ②李… Ⅲ. ①意大利—历史 Ⅳ. ①K546

中国版本图书馆CIP数据核字（2021）第210357号

著作权合同登记号：图字01-2020-2580

意大利史10讲

出 版 人	王娇萍
责任编辑	董　虹　董佳琳
责任印制	栾征宇
出版发行	中国工人出版社
地　　址	北京市东城区鼓楼外大街45号　邮编：100120
网　　址	http://www.wp-china.com
电　　话	（010）62005043（总编室） （010）62005039（印制管理中心） （010）62004005（万川文化项目组）
发行热线	（010）82029051　62383056
经　　销	各地书店
印　　刷	北京盛通印刷股份有限公司
开　　本	880毫米×1230毫米　1/32
印　　张	11.25
字　　数	195千字
版　　次	2022年2月第1版　2022年2月第1次印刷
定　　价	78.00元